Karl Barth · Homiletik

Karl Barth

Homiletik

Wesen und Vorbereitung der Predigt

Theologischer Verlag Zürich

Nachschrift des homiletischen Seminars
„Übungen in der Predigtvorbereitung"
im Wintersemester 1932 und Sommersemester 1933 in Bonn

Die Bereinigung des Manuskriptes und
Bereitstellung zum Druck besorgte
Günter Seyfferth

CIP-Kurztitelaufnahme der Deutschen Bibliothek

Barth, Karl:
Homiletik: Wesen und Vorbereitung der Predigt /
Karl Barth. – 3. Aufl. – Zürich: Theologischer Verlag, 1986.
ISBN 3-290-11562-3

INHALTSVERZEICHNIS

Einleitung 7

A. DAS WESEN DER PREDIGT 8

I. *Definitionen und ihre Kritik* 8

§ 1: Hollaz 8

§ 2: Schleiermacher 9

§ 3: Vinet 13

§ 4: Palmer 14

§ 5: Nitzsch 15

§ 6: Bauer 22

§ 7: Fezer 24

§ 8: Fendt 28

II. *Versuch einer neuen Definition* 30

B. KRITERIEN DER PREDIGT 32

I. *Offenbarungsmäßigkeit* 32

II. *Kirchlichkeit* 41

III. *Bekenntnismäßigkeit* 47

IV. *Amtsmäßigkeit* 50

V. *Vorläufigkeit* 55

VI. *Biblizität* 58

VII. *Originalität* 64

VIII. *Gemeindemäßigkeit* 67

IX. *Geistlichkeit* 68

X. *Zusammenfassung* 69

C. DIE EIGENTLICHE VORBEREITUNG DER PREDIGT 73

I. *Vorbemerkungen* 73

§ 1: Die Situation des (jungen) Predigers 73

§ 2: Die Frage der Textwahl 74

II. *Die rezeptive (passive) Funktion* 78

III. *Die spontane (aktive) Funktion* 83

§ 1: Der Zeugnisweg 83

1. Thema oder Skopus? 84

2. Drei technische Erläuterungen 86

3. Drei Predigtskizzen 87

§ 2: Die aktuelle Situation des Textes 91

1. Explicatio und applicatio 91

2. Der methodische Weg 93

3. Drei Warnungen 97

§ 3: Das Aufschreiben der Predigt 99

§ 4: Die Einheit der Predigt 100

1. Das Ganze der Predigt 100

2. „Einleitung"? 101

3. „Teile"? 105

4. „Schluß"? 106

§ 5: Regeln für die Textbehandlung 107

§ 6: Das Problem der Sprache 107

§ 7: Zwei Predigtbesprechungen 108

§ 8: Anhang 112

Nachwort 113

EINLEITUNG

Der allgemein theologische Charakter des Titels unserer „Übungen in der Predigtvorbereitung" ergibt sich daraus, daß Theologie als Wissenschaft der Kirche in ihren sämtlichen Disziplinen nichts anderes sein soll als Predigtvorbereitung, im weitesten Wortsinn genommen. Daß ein speziell theologischer, disziplinmäßig abzugrenzender Titelcharakter hier zutiefst und zu eigentlichst nicht in Betracht kommt, zeigen die lebendigen Beziehungen, die zwischen den drei theologischen Disziplinen — der Dogmatik, der biblischen Exegese und der praktischen Theologie — sich bilden: Wenn die Dogmatik als die nach der Legitimität kirchlicher Amtsfunktion fragende theologische Disziplin auf der einen Seite von der Exegese her die biblische Norm empfängt und auf der anderen Seite die praktische Theologie mit der Aufgabe an der Predigt als solcher entläßt, so ist keine dieser Disziplinen ohne die andere zu denken, und so kann keiner in Einsiedlerbetrachtung nur von der einen her reden, indem er über die eine ohne die anderen redet.

Begeben wir uns also mit dem Titel in den lebendigen Stromkreis allgemein theologischer Wissenschaft, so ist jetzt, aber erst jetzt, nach der speziellen Bedeutung des Titels zu fragen im Hinblick auf unsere Übungsarbeit. Drei Aufgabenkreise können da gesehen werden: 1. die individuell schöpferische Arbeit des Predigtentwurfes und der Predigtausarbeitung, 2. die mehr rezeptiv-reproduktiv kritische Arbeit des Anhörens und Lesens von Predigten und Lernens aus ihnen, 3. die Behandlung der dogmatischen Fragen nach dem Wesen der Predigt, die aktuell werden soll an einigen diese Frage behandelnden Beispielen aus der theologischen Vergangenheit. Diese dritte Aufgabe soll uns zuerst beschäftigen.

A) Das Wesen der Predigt

(historisch und dogmatisch)

I. DEFINITIONEN UND IHRE KRITIK

§ 1: Hollaz Wir hören zunächst auf die die rechte Amtsverwaltung des minister ecclesiae in doppelter Hinsicht schildernde Stimme des Spätorthodoxen Hollaz: *„Minister ecclesiae officio docendi recte fungitur, a) genuinum verbi divini sensum per legitima interpretandi media accurate investigando, certa eruendo et perspicue explicando, b) verbum explicatum ad usum didascalium et elenchticum, paideuticum et anorthoticum et paracleticum decenter applicando."* Hollaz ist einerseits in der Lage, den genuinus sensus verbi divini auf legitime, d. h. in Frontstellung gegen Pietismus und Rationalismus sich befindende, am Dogma orientierte Art herauszubekommen und zu erklären, andererseits imstande, dieses verbum explicatum belehrend, strafend, erziehend, aufrichtend und tröstend in dezenter Form auf die Gemeinde anzuwenden. So zeigen sich, dirigiert von dem sie bewältigenden orthodoxen Dogmatiker, die zwei Problemkreise der erklärenden Schriftinterpretation und der Applikation auf die Gemeinde, woran in eher untergeordneter Weise das Problem der Form sich anreiht. Die uns hier vorgetragene Doppelaufgabe des Predigers führt uns zu einer Hollaz gegenüber aufzuwerfenden Frage: Ist die Stellung des minister verbi divini wirklich richtig wiedergegeben mit dieser Zwischenhandelsfunktion, daß er den in der Bibel gefundenen und entdeckten Inspirationssinn des göttlichen Wortes ergreift und nun an die Gemeinde als die Größe, die verschiedene geistliche Güter nötig hat, weitergibt? Müßte nicht ein Einheitspunkt der Fragestellung gesucht werden, der auf der einen Seite das Paradox verunmöglicht, daß der minister zugleich selbstherrlicher, behäbiger dominus ist, auf der anderen Seite den zwei Problemkreisen

samt dem „decenter" ihre untergeordnete und so, in zweiter Linie allerdings, auch wichtige Geltung läßt?

§ 2: Schleiermacher Die doppelte Aufgabe des Hollaz zeigt sich wieder in dem vom älteren Schleiermacher geäußerten dialogischen Verhalten einerseits zu der Schriftstelle, die der Geistliche in ihrem Zusammenhang bewerten, andererseits zu der Gemeinde, auf deren Gedankengänge er eingehen soll.

Aber Schleiermacher ist in der praktischen Theologie nicht nur der etwas modifizierte Hollaz des 18. und 19. Jahrhunderts, sondern, es zeigt sich bei ihm, beim jungen in etwas anders schillernder Weise als beim alten, bei beiden aber in derselben Grundstimmung, die Aufgabe des Predigers in besonderer Ausprägung. Predigt ist eine und nicht einmal die wichtigste Wellenbewegung im auf und ab wogenden, vom selben Gefühl des Universums getragenen Meer der Gemeinde, eine der vielen möglichen offenkundig werdenden Ausdrucksweisen dieses Gefühls. Mag der junge Schleiermacher der „Reden" in jugendlichem Überschwang noch nicht so von der Verantwortlichkeit einer Kirche gegenüber getragen gewesen sein wie der ältere der „Praktischen Theologie", die Betonung der Musik und der Mysterien im Gottesdienst, das klingende Verständnis dessen, um was es da geht, dort, und die entdeckte Analogie mit der Lyrik hier, weisen auf denselben romantischen Mutterboden des Gefühls hin. Der Organist und der Dichter sind ausgezeichnete Mittelglieder zwischen jeweiliger Gefühlsverborgenheit und Gefühlsoffenbarung. Erst von diesem gemeinsamen Boden aus kann bei Schleiermacher von der Aufgabe der Predigt im besonderen mit ihrer je nach dem Alter anders getönten Stimmung gefragt werden.

Für den 31jährigen Redner an die „Gebildeten unter den Verächtern der Religion" ist nicht der Akt des Predigens als solcher das Wichtigste, sondern das Bewußtsein des Redenden während seines Redens, daß er aus der Gemeinde, aus der schlechterdings republikanischen Stadt Gottes hervortritt und dann, wenn er geredet hat, als einer der vielen wieder in sie zurücktreten soll. Das Bewußtsein, schwingender Pendel zu sein, bewahrt ihn vor den Anmaßungen, amtlich zu wirken kraft einer vocatio, Befugnisse von irgendeiner societas her sich übertragen zu lassen, in prophetischem Wahn künden zu wollen, oder irgendwelchen menschlichen Stolz und Dünkel walten zu lassen, sondern die Pendelschwingung wird ausgelöst durch freie Regung des Geistes, sie findet statt in herzlichster Einigkeit jedes mit allen und in der vollkommenen Gleichheit, sie zerstört jedes Zuerst und Zuletzt und alle irdischen Ordnungen. Der Prediger schwingt heran aus dem allen gemeinsamen Gefühl, er will reden von der Wirklichkeit und dem Geheimnis der Religion, seiner Heimat, jener Einheit des subjektiven Moments des Gefühls und des objektiven Moments der Anschauung. Er stellt hin seine Anschauung des Universums, seine Anschauung Gottes, und während die Gemeinde mit geübten Sinnen ihn begleitet auf seinen Wanderungen hin durch das Universum, impft er ihr seine Gefühle ein, so daß, wenn er auch äußerlich wieder einer der vielen geworden ist, indem er schweigt, in gehobener Stimmung die ganze Gemeinde sich auf demselben Schauplatz desselben Gefühls weiß. Der Gemeindegesang ist das große Amen auf sein Reden, gleichsam die Gegenwoge des Wirbels oder das Echo seiner Stimme, die feierliche Bestätigung dafür, daß das Reden des Predigers äußerer Ausdruck eines innerlich schon immer Bewußten, Gefühlten und Gehabten gewesen ist. Und wie sollte da nicht das Postludium der Orgel der zusammenfassende Ausdruck des während der gottesdientlichen Stunde wieder einmal von neuem gezeigten und erlebten, aber auch des alten und in Besitz gehaltenen Kleinodes sein?

Der ältere Schleiermacher unterscheidet den Prediger als Organ der Kirche vom Prediger als Organ der Gemeinde. Jenem aber weist er eine rein negativ bestimmte Aufgabe zu: er darf nicht in Widerspruch stehen zu dem, was ihre (sc. der Kirche) Einheit konstituiert, d. h. er muß innerhalb der Gemeinde bleiben. Dort findet er dann, als Organ der Gemeinde, eine positive Aufgabe, als welches er nun in seiner Eigenschaft als lebendige Persönlichkeit das im Strom der Gefühle abwärts fahrende Gemeindeschiff einfach zu lenken hat nach einer bestimmten Richtung hin, nachdem er von der gemeinsamen Anregung ausgegangen ist.

An einer anderen Stelle – in den letzten Sätzen des ersten Abschnitts über den Kultus – findet er, daß alle Vollkommenheit, die Richtigkeit der Anordnung und die richtige Art der Ableitung aus dem innersten Leben des Geistlichen selbst hervorgehen müßte, und daß jedes mechanisierende Mittelglied fehle. Zur Analogie weist er auf das Gebiet der Lyrik: auch die lyrische Komposition geht aus von einer unmittelbar individuellen Bewegung und findet nur insofern Eingang, als der Dichter sie darzustellen weiß. Gewiß wird alle Homiletik in Frage gestellt, aber nicht als Anfang einer menschlichen Totalitätsinfragestellung, sondern um dem innersten Leben die Ehre zu geben als dem Brunnquell aller Gnaden. Aber dieses innerste Leben der individuellen Persönlichkeit schwingt im Kreis der Gemeinde. Und dieses Geben und Nehmen, dieses Zurückfluten und Aufwogen ist das letzte Wort und das oberste Gesetz der Predigt. Das panta rhei eines wallenden Organismus fließt an uns vorbei, dessen Brandung der Prediger ist und dessen vielstimmiger Chorus Religion ruft.

Zu fragen wäre da: Wo bleibt das Wort Gottes in diesem immanenten Meer der Gefühle? Wo ist das jeweilige Suchen, wenn alles Tun nur Ausdruck eines inneren Besitzes ist? Wo ist ein letztes Warten möglich, wenn alles bewegt ist von dem nur diesseitigen Haben und Entbehren, Genießen und Sichsehnen? Nichts von alledem! Es ist eine andere Welt als die, in der der Mensch betroffen wird von Gesetz und Gnade, es ist eine andere Welt als die, in die Gott je und je kommt, weil es Menschenwelt ist als Menschenwelt, die von sich aus und in sich selbst zurückflutet.

Zitate von Schleiermacher: „Wenn einer hervortritt vor den Übrigen, so ist es nicht ein Amt oder eine Verabredung, die ihn berechtigt, nicht Stolz oder Dünkel, der ihm Anmaßung einflößt; es ist freie Regung des Geistes, Gefühl der herzlichsten Einigkeit jedes mit allen und der vollkommensten Gleichheit... Er tritt hervor, um sein eigenes von Gott bewegtes Inneres den anderen hinzustellen als einen Gegenstand teilnehmender Betrachtung, sie hinzuführen in die Gegend der Religion, wo er einheimisch ist, damit er ihnen seine heiligen Gefühle einimpfe: er spricht das Göttliche aus, im heiligen Schweigen folgt die Gemeinde seiner begeisterten Rede..." (4. Rede über die Religion, Theol. Schriften, Bd. 1, S. 321.)

„Der Prediger ist auf der einen Seite Organ seiner Kirche,

auf der anderen Repräsentant seiner Gemeinde, dies liegt in seiner Stellung. Als Organ seiner Kirche darf er nicht im Widerspruch sein mit dem, was ihre Einheit konstituiert, als Repräsentant seiner Gemeinde muß er ausgehen von der gemeinsamen Anregung, und dies beides ist sein Grenzpunkt, weiter aber auch nichts. Vermittelst des Einflusses seiner lebendigen Persönlichkeit soll er die gemeinsame Anregung leiten und ihr eine bestimmte Richtung geben." (Prakt. Th., Theol. Schriften Bd. 8, S. 203 f.)

„Der Geistliche hat zwei Gesichtspunkte: er geht auf der einen Seite auf den Zusammenhang zurück, der in seiner Schriftstelle stattfindet, aber indem er seine Gemeinde im Auge hat, hat er darauf zu sehen, was diese gewohnt ist, und weil er in einer freien Richtung sich befindet, so muß ihm gegenwärtig sein, wie die Gemeinde über den Gegenstand zu denken pflegt. Das Verfahren ist seiner Natur nach ein dialogisches, es ist ein Dialog mit seiner Schriftstelle, die er fragt und die ihm antwortet, und mit seiner Gemeinde." (Prakt. Th., Theol. Schriften Bd. 8, S. 248.)

„Alle Vollkommenheit, die Richtigkeit der Anordnung und die richtige Art der Ableitung muß aus dem innersten Leben des Geistlichen selbst unmittelbar hervorgehen, alles mechanisierende Mittelglied fehlt. Wir haben hier eine Analogie mit einem Gebiet, das offenbar mit unserem Gegenstand verwandt ist, der Lyrik. In der lyrischen Poesie verschwinden alle Gattungen, eben weil die lyrische Komposition von einer unmittelbaren individuellen Bewegung ausgeht und nur insofern Eingang findet, als der Dichter diese darzustellen weiß." (Theol. Schriften Bd. 8, S. 326.)

Bei Hollaz stehen sich Gemeinde und Schrift gegenüber in der Doppelheit des explicare und applicare, in welche der Prediger mitten hineingestellt ist. Das Problem bei dieser Fassung der Aufgabe wird eben in dieser eigentümlichen Stellung des Predigers zu erblicken sein, und man wird fragen müssen, wie denn der Prediger dazu komme, 1. eine solche Vollmachtstellung einzunehmen gegenüber der Schrift und 2. diese Mittlerrolle zwischen Gemeinde und Wort zu spielen, wenn man jene von Hollaz einfach vorausgesetzte Vollmachtstellung einräumen will.

Demgegenüber scheint bei Schleiermacher ein Fortschritt gemacht zu sein, da bei ihm jene Doppelheit: Schrift auf der einen, Gemeinde auf der anderen Seite, aufgehoben ist in der Einheit der den Geist besitzenden Gemeinde. Die bei Hollaz so problematische Vollmachtstellung ist bei ihm ebenfalls dadurch aufgehoben, daß der Prediger aus der Gemeinde heraustritt und wieder in sie zurückkehrt und so seine Funktion nicht die des Herrschens und Sich-Durchsetzen-Wollens, sondern die des Dienstes ist. Gerade im Rückblick auf Hollaz wird aber doch zu fragen sein, ob damit, daß der Prediger der Mund der Gemeinde ist, diesem hinwiederum eine Meisterstellung eingeräumt wird, ebenso angemessen oder unangemessen wie bei Hollaz. Ferner taucht die Frage auf nach dem Verhältnis zwischen Wort Gottes auf der einen und Prediger und Gemeinde auf der anderen Seite. Endlich wäre festzustellen, 1. ob die Predigt wirklich, wie bei Schleiermacher, ein Ausatmen sein kann, dem ein Einatmen wieder folgt und 2. ob die Selbstdarstellung des frommen Gefühls der Gemeinde, wie Schleiermacher sie versteht, mit Predigt identisch ist. So gibt uns Schleiermacher zwar Antwort auf die Frage nach einheitlichem Verständnis der beiden in der Predigt gegebenen Faktoren: Bibel und Gemeinde, wirft uns dafür aber auf die Frage, ob denn das Wort aus der Gemeinde kommt und nicht vielmehr als ein von außen an die Gemeinde herantretendes verstanden werden muß.

§ 3: Vinet Ein getreuer Schüler Schleiermachers tritt uns entgegen in dem Welschschweizer A. Vinet (Professor in Lausanne), dessen Gestalt noch heute stark nachwirkt. Er geht von der Möglichkeit aus, die Homiletik als einen Spezialfall der Rhetorik zu verstehen. Damit ist keine Paganisierung der Homiletik gegeben, denn – hier kommt Schleiermacher wieder hervor – das natürliche Leben ist im tiefsten Grunde schon christlich, und daher ist auch die wahre Rhetorik vom tiefsten Grunde her verstanden eine Homiletik. Diese Rede und ihre Kunst besteht darin, daß man sich in den Menschen hineinversetzen und so sehr mit ihm und dem Allertiefsten in ihm einig werden kann, daß man aus ihm heraus sprechen kann. Dieses Allertiefste im Menschen ist nicht böse, sondern ein Anwalt des Guten, und es ist Aufgabe der christlichen

Predigt, dieses Allertiefste im Menschen zum Reden zu bringen, so daß der Mensch in der Predigt fortwährend an sich selbst erinnert wird. So wird die Rhetorik mit geistlichem Gehalt gefüllt, so daß, wenn das Ideal menschlicher Rede von Person zu Person stattfindet, d. h. das Allertiefste des einen mit den Allertiefsten des anderen sich unterhält, gleichzeitig ein christliches Reden stattfindet. Charakteristisch für Vinet ist, daß ein solches Reden nicht unbedingt eines zu Grunde zu legenden Bibeltextes bedürfen würde. Die Frage, ob der Prediger in der Situation des Redens zu Gläubigen oder Ungläubigen stehe, ist von Schleiermacher in ersterem Sinne entschieden worden, während Vinet in weit übergreifenderer Dialektik sagt, daß Predigt fortwährend beides sein müsse: sie müsse den, der mit der christlichen Wahrheit noch nicht bekannt ist, zu ihr hinführen, dem, der die christliche Wahrheit schon näher kennt, diese noch mehr erläutern.

§ 4: Palmer Der 1875 verstorbene Christian Palmer (Professor in Tübingen) gibt in seiner Homiletik folgende Definition: *„Predigen heißt im Namen Gottes das Heil, das der Menschheit in Christi Person und Werk erschienen und für sie vorhanden ist, durch lebendiges Zeugnis zur Annahme darbieten."*

Man kann an dem Unterschied von „erschienen" und „vorhanden" anknüpfen. Es hat zunächst den Anschein, als handele es sich hier nur um Interesse für die objektive Seite seiner Aufgabe. Doch will Palmer ergänzt wissen, daß ein schon gelegtes Fundament christlichen Glaubens und Lebens vorausgesetzt wird, was also die subjektivere Seite bedeuten würde. Das „Darbieten" bezeichnet nun die Herstellung der Beziehung zwischen der objektiven und dieser subjektiven Seite. Diese Darbietung geschieht durch „lebendiges Zeugnis", d. h. Äußerung einer lebenden Persönlichkeit. Da Jesus Christus als Persönlichkeit erschienen ist, so soll auch das, was er wirkt, nämlich das Heil, durch das Mittel einer Persönlichkeit dargeboten werden, wobei freilich Persönlichkeit nicht als Individualität, sondern als Repräsentant der Gemeinde zu fassen ist, in dem eine geistig-pneumatische Persönlichkeit steckt. Die Gemeinde gibt ihm das Wort, und indem er das Wort an sie richtet, gibt er ihr ihren ursprünglichen Besitz zurück.

Hollaz, Schleiermacher und Palmer ist gemeinsam, daß der Prediger Herr ist über das von ihm zu Verkündigende. Bei Hollaz fand noch ein doppelter Dialog statt zwischen Prediger und Schrift einerseits und Prediger und Gemeinde andererseits, bei Schleiermacher dagegen steht die Einheit da. Bei Palmer finden wir in einem gewissen Widerstreben gegen Schleiermacher eine Rückwendung zu Hollaz, indem er eine neuerliche Scheidung zwischen Schrift und Gemeinde wenigstens andeutet. Sollte das ernst zu nehmen sein, so ständen wir wieder bei Hollaz und den an ihn zu richtenden Fragen. Wenn es dagegen bei Palmer darauf abgesehen ist, daß es 1. eine christliche Persönlichkeit, 2. ein schon gelegtes Fundament gibt, so stehen wir wieder bei Schleiermacher, und es wäre zu fragen, wie denn die Gemeinde dazu komme, das Wort Gottes zu haben und ferner, ob die Darbietung des Predigers nicht etwas anders sei als Selbstdarstellung der frommen Persönlichkeit. Will man ferner den Ausdruck „Darbietung des Heils" strikte nehmen, so könnte man sagen, daß hiermit dem Prediger etwas zuviel zugeschrieben wird, und man dürfte weiter sagen, daß im offerre des katholischen Altarsakramentes der ungeheure Anspruch, das Heil darbieten zu können, weit sauberer angefaßt ist als in der evangelischen Predigt, weil dort alles im kultisch-zeremoniellen Rahmen der Liturgie bleibt. Bei allem diesem mag man eine Beziehung zur „süddeutschen Krafttheologie" etwa eines Joh. Tob. Beck sehen, die nicht Worte, sondern Taten, Dinge, lebendiges Geschehen sehen will.

§ 5: Nitzsch Im Gegensatz zu Palmers letztlich etwas unklarer Definition ist die von C. I. Nitzsch in allen Gliedern genau und überlegt formuliert:

„Eine Predigt ist fortgesetzte Verkündigung des Evangeliums zur Erbauung der Gemeinde des Herren, eine Verkündigung des durch heilige Schrifttexte vermittelten Wortes Gottes, welche mit lebendiger Beziehung auf gegenwärtige Zustände und durch berufene Zeugen geschieht."

1. Der Ausdruck „fortgesetzte Verkündigung" ist geprägt in Auseinandersetzung mit der Frage nach Missions- oder Gemeindepredigt. Der Glaube soll nicht aufhören zu äußern, wes er inne geworden ist. Ich glaube, darum rede ich. Insofern rich-

tet sich die Predigt nach außen (Missionspredigt). Derselbe Glaube aber nährt sich ständig von dem Evangelium, das ihn erweckt hat. Insofern richtet sich die Predigt nach innen (Gemeindepredigt). So ist die Predigt bei Nitzsch in strenger dialektischer Einheit sowohl Missions- als Gemeindepredigt.

2. Gottes Rede und Gottes Tat bilden eine Einheit, insofern Jesus Christus das Wort Gottes ist. Der Glaube der Kirche verkündigt Christus, wie er durch die Texte der Schrift vermittelt ist. Es ist somit biblisch geordnete Predigt erforderlich, keine Prophetie.

3. Der Standort des Predigers muß sich soweit als möglich zu dem des Hörers hinfinden, um darin die Herablassung Gottes zum Menschen zu veranschaulichen.

4. Eine christliche Persönlichkeit tritt zur Erfüllung ihres Auftrages in die Mitte zwischen Gott und Zuhörer, aber nicht um ihre Individualität durchzusetzen, sondern um zu dienen. Die Predigt ist unmöglich ohne volles gläubiges Selbstbewußtsein.

5. Erbauung bedeutet Ergreifen und In-Dienst-Stellen des Menschen, wodurch er zu einem Stein im Bau des Tempels wird, der in seiner Ganzheit der Leib Christi ist. Voraussetzung dafür ist, daß Christus das Fundament bildet. Die Predigt hat sich nicht so sehr je an Wissen, Wollen und Gefühl zu richten, sondern durch das alles hindurch an die Gesinnung des Menschen, damit eine Gesinnung der Liebe entstehe, die aus dem Glauben kommt, der die Hoffnung trägt und das Salz der Buße bei sich führt. Der eigentliche Skopus der Predigt ist daher die priesterliche Vermittlung des geistlichen Lebens.

Im Blick auf die bisher betrachteten Bestimmungen zeigt eine formal-strukturelle Vergleichung, daß Nitzschs Definition etwa der Hollazschen gegenüber viel durchgearbeiteter ist, daß die zwei unvermittelten Gesichtspunkte des Hollaz bei Nitzsch durch Mittelbegriffe miteinander in Beziehung gesetzt sind. Der Palmerschen gegenüber ist zu sagen, daß Nitzschs Bestimmung rein äußerlich, aber auch sachlich, mehr bringt, daß sie enger umrissene Begriffe benutzt und daher faßbarer ist als die wie ein gelegentlicher Einfall anmutende Definition Palmers. Auch der Vergleich mit Schleiermacher führt zunächst auf einen formalen Unterschied, daß nämlich bei Nitzsch über das bei Schleiermacher Gesagte hinaus der durch die Begriffe Wort Gottes – Schrift – Kirche angedeutete Zusammenhang auftaucht. Dieser führt zugleich weiter zur geschichtlich-systematischen Vergleichung und Einordnung. Nitzsch gehört zu den Vermittlungstheologen. In zweifachem Sinn könnte man an seinem Verständnis der Predigt den vermittelnden Charakter seines theologischen Denkens aufzeigen. Einmal vermittelt er in gewissem Sinn zwischen der Hollazschen und der Schleiermacherschen Position, und zwar durch seinen zentralen Begriff des „Zeugen", was bei ihm soviel bedeutet wie glaubende, überzeugte Persönlichkeit. Bei Hollaz war hier eine Lücke festzustellen. Er postulierte für den Prediger das rechte explicare und applicare, gab aber keine Antwort auf die Frage, wer der Mensch nun sei, der dies tun könne. Nitzsch antwortet: Es ist der berufene Zeuge, die wiedergeborene Persönlichkeit, die der Gemeinde dienen kann mit ihrem Glaubensgut und befähigt ist zur Vermittlung zwischen Gottes Wort und den Menschen. Tendiert diese Seite des vermittelnden Denkens von Nitzsch auf Schleiermacher zu, so die zweite von ihm weg auf die theologische Tradition der Reformation. Schleiermacher hatte den Unterschied zwischen Gemeinde und Prediger, bzw. dem, was der Prediger der Gemeinde zu sagen hat, fast ganz aufgehoben. Nitzsch zeigt wieder, daß der Gegenstand der Predigt, das, was des explicare und applicare bedarf, verschieden ist von dem Menschen in seinem Zustand, aus dem heraus es ihm helfen soll. Das Woher und Wohin der Verkündigung in seiner Unterschiedenheit ist wieder sichtbar gemacht, aber zugleich ist – und damit steht Nitzsch nicht mehr im Gegensatz zu Schleiermacher, sondern in seiner Nachfolge – eine Antwort gegeben auf die Frage nach dem Weg, der von jenem Woher zum Wohin gegangen werden kann und muß. Die Antwort, die Nitzsch hier gibt, ist schon angedeutet im Begriff der „berufenen Zeugen" im Raum der Kirche. Über Schleiermacher hinaus führt, daß bei Nitzsch Worte wie „Kirche" und „Hl. Schrift" Bedeutung gewinnen. Zur Verarbeitung des Schleiermacherschen Erbes kommt eine Bereicherung hinzu; auch haben dessen Fragestellungen eine Abklärung erfahren. So hat er gegenüber Schleiermachers ganz eigentümlicher Sprache weithin die biblische und reformatorische Sprache wiedergefunden. Nitzsch ist damit zwangsläufig auf gewisse Probleme gestoßen, die ihm aus der alten theologischen Terminologie und Form zuwuchsen. Das Problem der Geschichte wird stärker empfunden, einerseits rückblickend durch die Bedeutsamwerdung von Worten wie „Kirche", „Hl. Schrift", andererseits vorwärtsblickend, indem der Blick der Theologie konkreter auf die gegenwärtige Lage fällt. Das Problem der Predigt als das des Gegenüber von Gottes Wort einerseits und des Menschen andererseits ist bei Nitzsch wieder sichtbar geworden und damit auch eine neue Aufgabenstellung gegenüber Schleiermacher wenigstens angekündigt. Aber es ist ebenso zu betonen, daß eine Verarbeitung und Bereicherung Schleiermachers nicht stattgefunden hat. Jener Begriff des „Zeugen" mit seinen näheren Bestimmungen, der die Antwort bildet auf die Frage nach der Möglichkeit der Predigt, führt über den Ansatz Schleiermachers nicht wirklich hinaus. In diesem Zentrum ist eine Aufnahme reformatorischer Tradition nicht zu verspüren.

So setzt die an Nitzsch zu richtende Frage an diesem zentralen Begriff des „berufenen Zeugen" an. Dreifach hat Nitzsch diesen näher bestimmt. Was den Prediger zum berufenen Zeugen macht, ist

1. die Fähigkeit des richtigen explicare. Das Wort Gottes, das in der Schrift nur vermittelt ist, hat er aus ihr zu erheben und in seinem rechten Verständnis zu predigen. Auf die Frage: Wie ist dem Prediger dies genuine, sachgemäße explicare möglich? lautet Nitzschs Antwort: Der Prediger besitzt die Möglichkeit kraft seines Seins als gereinigte, gläubige, wiedergeborene Persönlichkeit. Dieses Sein macht ihn zum richtigen Erklärer, gibt ihm das Wort Gottes in die Hand, ins Gewissen, ohne daß dieses ihn zu Boden drückt, ihn selbst mit seinem Predigen in Frage stellt.

2. Hinzu kommt die Aufgabe, die Predigt zu tätigen „mit lebendiger Beziehung auf gegenwärtige Gegenstände". Die Forderung, in Nachahmung der Herablassung Gottes die wirklichen Zustände der Menschen zu erkennen und zu heilen, d. h. also, mit wirklicher Menschenkenntnis die der sozialen, wirtschaftlichen, politischen Verhältnisse zu verbinden, soll unerläßlich sein für einen rechten Prediger. Auch auf die sich angesichts dieser Forderung stellende Frage: Wer kann dann pre-

digen? ist die Antwort der Hinweis auf jenes Sein des Menschen als gläubige, wiedergeborene Persönlichkeit, das ihn dazu befähigt.

3. Der dritte konstitutive Faktor ergibt sich im Blick auf das Ziel, den Erfolg der Predigt. Dieser ist beschrieben als „Erbauung der Gemeinde des Herrn". Diesem Begriff gibt Nitzsch eine durchaus neutestamentliche Füllung. Er entfaltet sich ihm als ein Ergreifen, Indienststellen des Menschen, ein Gebrauchmachen von ihm, ja eine Anreihung des Menschen an Christus, die sich manifestiert in der Entstehung einer Gesinnung der Liebe, die aus dem Glauben kommt. Ein in dieser Weise bestimmtes Selbstbewußtsein zu schaffen und zu vermitteln, ist die eigentliche Aufgabe der Predigt.

Aber gerade im Blick auf die umfassende christologische Füllung des Begriffs „Erbauung" ist die Antwort auf die Frage nach dem Subjekt der Predigt, die diese Erbauung wirken kann und soll, die wiederum mit dem Hinweis auf die lebendige, wiedergeborene Persönlichkeit des Predigers gegeben ist, Anlaß, diese Zuversicht auf Grund eines Verweises auf eine sachliche Ordnung in Frage zu stellen. Es ist zu fragen: Ist der Grund, nämlich der Prediger in seinem Sein als gereinigte, gläubige Persönlichkeit, tragfähig für das auf ihm errichtete Gebäude, vom rechten explicare und applicare bis hin zu einer Erbauung der Gemeinde, die einer Anreihung an Christus gleichkommt? Oder geht es hier um die Zuversicht, mit der sich der Mensch des ausgehenden 18. und des 19. Jahrhunderts einschalten möchte in das Geschehen zwischen Gott und Mensch und so einen Anspruch erhebt, der für ihn illegitim ist? Wenn das Beiwort „berufen" und das Hineinstellen des Zeugen in den Raum der Kirche es vielleicht zunächst hätte nahelegen können, den Begriff „berufener Zeuge" zu verstehen im Blick auf die Kirche, in der der Hl. Geist sich bezeugt dadurch, daß er Menschen in ihr beruft und hören und reden läßt, so wird von Nitzsch durch seine nähere Interpretation des Wortes „berufen" in den drei angedeuteten Punkten dies Verständnis unmöglich gemacht.

Auch das sonst noch Gesagte kann nicht in diese Richtung weisen. Nitzsch bezeichnet als Gegenstand der Verkündigung „das durch heilige Schrifttexte vermittelte Wort Gottes". Wenn die Schrift dem Prediger das Wort Gottes vermittelt, soll damit offenbar gesagt werden, daß sie es nicht ist als solche. Sie ist zugleich Medium, Hülle. Hat aber der Ausleger die Möglichkeit, in dem in ihr Enthaltenen Form und Sache, proprium und accidens zu unterscheiden, so muß er einen Maßstab haben, um das Wort Gottes in der Schrift zu finden. Ist die Aufgabe aber in dieser Richtung bestimmt, dann ist der Auslegende der Schrift gegenüber nicht mehr im prägnanten Sinn Hörender, dann steht er vielmehr mit dem Schriftzeugen selbst auf gleicher Ebene, er ist ihm kongenial. Die Möglichkeit des Nacherzeugens des Wortes Gottes ist kritischer Maßstab für den Ausleger. Daher kann man, wenn auch die Mittelbarkeit in der Bindung an die Schrift betont ist, nicht umhin zu sagen, daß damit ausgesagt ist, daß der Mensch das Wort Gottes haben kann, wenn auch in Mittelbarkeit. Die Frage ist: Kann sich der Mensch zutrauen, in aller Mittelbarkeit eben doch unmittelbar Wort Gottes zu erkennen, sich Kongenialität mit dem Schriftzeugen zuschreiben?

Aber auch die Angabe des Sinnes und Zieles der Verkündigung als Erbauung, ganz abgesehen davon, daß der Prediger diese wirken können soll, wird problematisch, wenn dieser Begriff entfaltet wird als Erneuerung des Wissen, Wollen und Fühlen einschließenden Selbstbewußtseins, als Entstehung einer neuen Gesinnung. In einer psychologischen Angabe wird das Ziel und der Erfolg der Predigt für Nitzsch konkret. Wohl läuft eine nähere biblische Umschreibung des Begriffs Gesinnung in die Linie Liebe, Glaube, Hoffnung aus. Aber es stellt sich die Frage: Warum bleibt Nitzsch nicht bei der Angabe dessen, was die Verkündigung wirkt, bei dem Glauben stehen, sondern findet dessen Spitze erst in einem psychologischen Begriff? Wer „Glaube“ sagt, kann sicher an der psychologischen Seite dieser Wirklichkeit nicht vorbeigehen, sie etwa verneinen. So gewiß der Mensch es ist, der glaubt, so gewiß können im Umkreis des Begriffs „Glaube“ gegebenenfalls psychologische Aussagen gemacht werden. Aber damit ist nicht vom Glauben in seinem Wesen die Rede. Wesentlich ist der Glaube Beziehung G o t t e s zum Menschen, des Menschen zu G o t t. Vom Ausgangs- und Endpunkt dieser Beziehung geht ihre Kraft und Wirklichkeit aus. Nur von daher ist sie, was sie ist. Glaube abstrakt, ohne den beständigen Beziehungscharakter, gibt es nicht.

Deshalb ist es verhängnisvoll, daß Nitzsch statt Glaube Gesinnung sagt. Er will etwas Konkretes, Greifbares sagen. Der mögliche Sprachgebrauch des Wortes Gesinnung als Abstraktum macht deutlich, daß hier etwas anderes gemeint ist, als das N. T. meint, wenn es pistis sagt. Gesinnung ist wohl meist nicht ohne Gegenstand und so auch eine Beziehung; aber sie ist a u c h ohne solchen möglich, als in sich wirklich und wertvoll. In bezug auf den Glauben gibt es dieses „auch" nicht. Der Begriffswechsel, den Nitzsch hier vollzieht, legt die Frage nahe: Ist damit die Aufgabe der Predigt nun eigentlich bezeichnet, daß sie Gesinnung entstehen lassen soll? Wenn ja, lohnt dann der Erfolg den Aufwand, wobei der letztere mit den Worten Kirche, hl. Schrift, rechte Auslegung, Erbauung, d. h. Anreihung an Christus angedeutet sein soll? Ja, wird die als Erfolg angestrebte Gesinnung wirklich als „neue" bezeichnet werden dürfen? Soll aber Gesinnung mit Glaube identisch sein, was ist sie dann? Sollte sie der Glaube sein, auf Grund dessen allein Gott den Sünder rechtfertigt? Dann wäre die Klippe der Werkgerechtigkeit nicht gemieden.

Die Problematik, die der Begriff einer christlichen Persönlichkeit, die fähig sein soll, Wort Gottes zu erkennen, die Menschheit zu erkennen und zu erbauen, und der Begriff einer Verkündigung, deren Ziel und Erfolg am Menschen eine neue Gesinnung ist, mit sich bringen, rät dazu, bei Nitzschs Antwort auf die Frage nach der Predigt nicht stehen zu bleiben, sondern weiter zu fragen.

§ 6: Bauer Die nächste nun zu behandelnde Predigttheorie von Johannes Bauer führt uns schon nahe an die Gegenwart heran. Dazwischen liegt das Auftreten Albrecht R i t s c h l s, der mit einer Reduktion und Konzentration des theologischen Problems auf das ethische Problem hinter Schleiermacher zurückgriff auf die Aufklärung. Ihm folgte E. T r o e l t s c h und die religionsgeschichtliche Schule. Sie war zum Teil eine Reaktion gegen Ritschl, indem sie neben dem Ethischen auch das Nicht-Ethische, Irrationale, Erlebnismäßige zur Geltung brachte und darin sich wieder mehr an Schleiermacher anlehnte. Außerdem brachte sie eine Vertiefung der Ritschlschen Systematik.

In der ersten Auflage des Sammelwerkes „Religion in Geschichte und Gegenwart" hat der Heidelberger Theologe Johannes Bauer im Artikel „Homiletik" eine Predigtlehre vorgetragen, die in ihrer systematischen und grundsätzlichen Mangelhaftigkeit charakteristisch ist für die in den Vorkriegsjahren herrschende Theologie. Es tritt uns da eine durchaus oberflächliche, wortreiche, begrifflich unbestimmte, in den Ergebnissen immer unklare Theologie entgegen. Systematische Klarheit und Eindeutigkeit war eben damals einfach nicht zu erreichen und pflegte durch den Hinweis auf irgendwelche individuelle Seelentiefe, auf Persönlichkeit oder Erlebnisse ersetzt zu werden, welche das Nötige schon „irgendwie" zeitigen würden.

So ist es auch schwierig, bei Bauer eine Predigtdefinition zu finden. Predigt wird einmal beschrieben als *„freies, individuelles, lebendiges Bekenntnis des Glaubens in persönlicher Verkündigung des seligmachenden Glaubens"*. Ihr Zweck ist *„Bestimmung des Willens des Zuhörers, damit sich dieser für eine bestimmte religiös-sittliche Vorstellung, Empfindung oder Tat entscheidet"*. Ihre Wirkung beruht „auf der persönlichen Überzeugung des Predigers von der Wahrheit der Sache, die er vertritt, des Evangeliums". Die „beste apologetische Predigt" ist die „einfache, überzeugte, begeisterte Darstellung des Glaubenslebens selbst". Die Kriterien der Predigt sind einmal die Frage, ob durch sie christliches frommes Leben gefördert, möglichst viele gewonnen und möglichst niemand abgestoßen werde, und dann vor allem die Frage, ob sie der Individualität des Predigers entspreche, also eine „wahrhaftige" Predigt sei. Ein biblischer Text für die Predigt ist empfehlenswert, weil es nötig ist, daß der Gemeinde die Bibel erklärt werde, und weil die Bibel eine gemeinsame Autorität zwischen Gemeinde und Prediger darstellt, an die dieser im Notfall appellieren kann. Ferner erhält er aus ihr „Zeugnissicherheit" und Gedankenfruchtbarkeit. Aber auch eine textlose Predigt ist nicht ausgeschlossen. Bauer kommt dann noch auf die Schwierigkeiten zu sprechen, die die historische Kritik dem Prediger bereite, doch habe er dieser auch vieles zu verdanken, z. B. ein viel lebendigeres Verständnis der Propheten und des historischen Jesus.

Sofort erkennen wir hier einen katastrophalen Rückschritt gegenüber Nitzsch, wo das explicare und applicare des Bibeltextes auseinander- und zusammengehalten war und sich eine sehr lehrreiche und lebendige Problematik zeigte. Hier ist die Not und Schärfe der Aufgabenstellung einer Predigtlehre restlos verwirkt. Hemmungslos wird die Individualität des Predigers als oberstes Prinzip aufgestellt. Daß sie doch ja nicht angetastet werde, ist die Hauptsorge der Homiletik. Wo wir hinschauen, bei der Behandlung des Wesens, des Zwecks, der Wirkung, der Kriterien, des Textverhältnisses der Predigt, überall ist es der Prediger selbst, der frei, lebendig, individuell, persönlich, überzeugt, begeistert sein soll. Er ist das Zentrum und Fundament, auf dem sich alles aufbauen soll.

Hinter dieser überwuchernden Subjektivität steht allerdings auch etwas Objektives, das freilich sehr schwer zu bestimmen ist. Bauer redet vom Evangelium, von der Sache, vom seligmachenden Glauben. Zu bestimmen ist das Objektive jedenfalls nicht aus dem Bibeltext. Der ist lediglich wünschenswert und nicht etwa ein integrierender Bestandteil des Predigtbegriffs selbst. Bauer steht der Bibel sogar freier gegenüber als alle anderen bis jetzt besprochenen Theologen außer Schleiermacher und Vinet.

Das Einzige, was in der Predigtlehre Bauers vollständig klar ist, ist der sehr positivistisch gezeichnete Zweck der Predigt. Mit erstaunlicher Zuversicht wird da dem Pfarrer die konkrete Vollmacht zugesprochen, aus seinem Glaubensleben heraus auszumachen, was seinen Hörern heilsam sei, was sie empfinden, sich vorstellen und wollen sollen, und es herbeizuführen. Ist das nicht ein unerhörter Anspruch? Woher hat der Prediger die Legitimation dafür? So ist dieser konkreteste Punkt der Predigtlehre Bauers auch der fragwürdigste.

Kriterien der Predigt sind hier, ob die Predigt anzieht oder abstößt, ob sie frommes Leben fördert, ob sie echt und der Individualität des Pfarrers entsprechend ist. Dabei sind das Echte und das fromme Leben vorausgesetzt, und die Predigt ist eine Aktion zwischen dem echten Prediger und dem frommen Hörer. Falls nun etwa der Prediger liberal und die Hörer pietistisch oder orthodox wären, wäre es die hehre Aufgabe der Predigt, diese Gegensätze zu überbrücken. Daß eine solche Pfarrkränzchenüberlegung auf dem Gipfelpunkt einer Predigtlehre steht, ist Kennzeichen einer kümmerlichen und kranken Situation mit einem ernsten Hintergrund: die Not der Kirche, deren Auftrag da völlig vergessen ist, die Not der Pfarrer, die mit dieser dürftigen Auskunft in Gemeinden gestellt wurden, und die Not der so betrogenen Gemeinden.

§ 7: Fezer Wir gehen nun über zur Behandlung der Predigtlehre von Karl Fezer, Professor für Praktische Theologie in Tübingen. Von ihm liegen zwei Definitionen der Predigt vor. Die erste in seinem Buch „Das Wort Gottes und die Predigt", 1925 lautet: *„Predigt ist das Bemühen eines Menschen, durch freie Rede dazu mitzuwirken, daß der im Schriftwort uns seine Gemeinschaft schenkende Gott einem Kreis von anderen Menschen gemeinsam durch den Hl. Geist gegenwärtig werde."*

Die zweite Definition in der 2. Aufl. des Sammelwerkes „Religion in Geschichte und Gegenwart", Art. „Predigt", 1930 lautet: *„Predigt ist der der Kirche befohlene Dienst der Weitergabe des in der Schrift ihr anvertrauten Offenbarungszeugnisses an die Menschen der Gegenwart im Gehorsam gegen den in diesem Schriftwort mit uns handelnden Gott und im Glauben, daß dieser Gott in seiner Gnade und Treue in, mit und unter ihrem armen Menschenwort als der Lebendige selbst gegenwärtig sei und es benütze, um selbst sein eigenes Wort zu sprechen."*

Hier ist sofort ein entscheidender Fortschritt über die Positionen aller früher behandelten Theologen zu erkennen. Vor allem ist in der ersten Definition die Meisterstellung des Predigers aufgegeben. Er ist nicht mehr der Führende, Gebende, Übermittelnde, sondern er tritt zurück. Gott ist das Subjekt des entscheidenden Vorgangs, er erbaut und schenkt, nicht der Prediger. Dieser bemüht sich nur, mitzuwirken. Da redet also nicht ein erleuchteter Zeuge, sondern da arbeitet jemand.

In der machtvoll in der Mitte der ganzen Definition stehenden Aussage über Gott, der uns seine Gemeinschaft schenkt, liegt ein Hinweis auf die Versöhnung, auf Christus. Gott als der Sohn schenkt uns, was wir brauchen, und schenkt sich uns im Schriftwort. Gott und Schrift, Material- und Formalprinzip, stehen nicht mehr abstrakt nebeneinander, sondern sind sinnvoll zusammengefaßt. Schon im Begriff der Predigt ist ihre Verbindung mit der Schrift gegeben. Es geht in der Predigt um nichts anderes als um Gott selber, der sich uns in der Schrift schenkt, von der Erwählung bis zur Erlösung. Er handelt selbst an uns durch den Hl. Geist. Damit ist auch das Problem des Hörers gelöst. Gott schafft durch den Hl. Geist die hörende Gemeinde. In ihr geschieht nun das Bemühen des Menschen mit dem Ziel, daß Gott selbst handle und gegenwärtig sei. Bei diesem Tun Gottes ist die menschliche Rede nur eine Assistenz. Das Mittel dazu ist „freie Rede". Hier liegt wohl der schwächste Punkt der ganzen Definition. Doch ist Fezer bei diesem liberalen Relikt nicht zu belassen, da er sich ja selber in einer zweiten Definition richtiggestellt hat.

Hier macht sich deutlich eine weitere Lösung von der subjektiven Sphäre bemerkbar. Das „Bemühen eines Menschen" ist verschwunden und an seine Stelle der „der Kirche befohlene Dienst" getreten. Subjekt ist nicht mehr der Prediger, sondern die Kirche als Instrument Gottes. Dienst bedeutet Ablehnung aller Souveränität der Predigt. Die Predigt ist gewiß menschliche Mühe und Arbeit, aber ihre Begründung hat sie einzig im Befehl Gottes. Die Kirche ist nicht ein Verein, der selber Kult und Predigt erzeugt, sondern sie hat einem Befehl gehorsam zu sein.

Das, was der Prediger zu tun hat, wird jetzt nicht mehr mit dem mißverständlichen und nichtssagenden Ausdruck „freie Rede" bezeichnet, sondern als „Weitergabe des in der Schrift anvertrauten Offenbarungszeugnisses". Es handelt sich also nicht um Prophetie, Unmittelbarkeit, sondern um Mittelbarkeit und Weitergabe, die dadurch ermöglicht wird, daß Gott in seiner Gnade der Kirche die Schrift anvertraut hat mit der Verpflichtung zur Weitergabe.

Der Ausdruck „Mitwirken" ist, weil synergistischer Auslegung fähig, ebenfalls verschwunden. Die jetzt dafür dastehende, viel gefülltere Wendung bringt deutlich die Verschiedenheit der Ebenen von Gottes und unserem Tun zum Ausdruck. Wir sind nicht Kollegen Gottes, sondern unsere Arbeit geschieht im Gehorsam und Glauben, daß Gott unser ausdrücklich als arm bezeichnetes Menschenwort benütze, um in ihm oder trotz ihm sein eigenes Wort zu sprechen.

An die Menschen der Gegenwart ist das Wort zu richten. Damit ist auf die Forderung der Aktualität oder Gleichzeitigkeit der Predigt hingewiesen. Sie muß den Charakter der Anrede tragen und die Menschen in ihren konkreten Situationen treffen und in Anspruch nehmen.

Wir haben es hier fraglos mit der systematisch und grundsätzlich hervorragendsten von allen bisher behandelten Predigttheorien zu tun. Dennoch sind auch hier noch weitere Fragen zu stellen.

Die Fragen lassen sich in zwei Gruppen einteilen:

1. Fragen bzw. Bedenken, die sich an einzelne Gedanken und Begriffe wenden,

2. Fragen, die umfassender die ganze Definition angehen.

1 a) Was meint Fezer mit „Weitergabe des anvertrauten Offenbarungszeugnisses"? Kann das nicht so verstanden werden, als ob die Kirche etwas in der Hand hätte, worüber sie verfügen könnte? Ist hier nicht zu sehr das subjektive Haben betont? Die Kirche hat doch nichts in der Hand, nicht einmal die Möglichkeit der Weitergabe. Deshalb ist zu fordern, daß in die Definition hineingebracht werde, daß das Schriftwort Zeugnis von Gott nur sei, sofern es als solches gewürdigt wird.

1 b) Die Frage nach dem Verhältnis von Predigt und Textwort. In der Definition steht der Ausdruck: „Weitergabe des in der Schrift der Kirche anvertrauten Offenbarungszeugnisses". In der Predigt wird doch nicht die Schrift als Ganzes weitergegeben, sondern nur ein bestimmtes Schriftwort, ein bestimmter Abschnitt. Müßte das nicht in der Predigtdefinition erwähnt werden, damit man nicht den Verdacht schöpfen könnte, Fezer denke an eine nicht auf einen konkreten Text sich gründende, freie, nur dem Gesamtoffenbarungsinhalt gemäße Rede, d. h. an eine Themapredigt? Es ist aber so, daß Fezer keine textlose Predigt kennt, und daß die Möglichkeit dieses Mißverständnisses auf die Not der Abkürzung zurückzuführen ist. Wenn formell auch nur ein kleiner Teil der Schrift in einer Predigt behandelt wird, so sollte materiell gesehen doch die ganze Sache gesagt werden.

1 c) In Zusammenhang hiermit steht die Frage, ob denn das Verhältnis der Predigt zum andern kirchlichen Handeln in Unterricht und Seelsorge richtig gesehen ist. Fällt nicht unter diese Definition alles kirchliche Handeln, so daß das Besondere für die Predigt fehlt? Es ist aber so, daß im eigentlichen Sinn zwi-

schen Predigt, Unterricht und Seelsorge auch nicht zu trennen ist. Das Wesen der Kirche ist Verkündigung. Es gibt nur Abwandlungen dieser einen Aufgabe.

1 d) Es ist zu fragen, ob der Begriff „Mensch der Gegenwart" richtig gesehen ist. Muß nicht in einer strengen Begriffsbestimmung auch der Adressat theologisch verstanden werden? Gemeint ist damit: Der Mensch der Gegenwart ist wirklich Hörer doch erst dann, wenn Gott ihn zum Hörer macht, wenn er in der Kirche steht. Es geht in der Predigt um das Sosein, das von Gott aufgenommen ist, dem er seinen Geist gegeben hat, d. h. es geht um qualifizierte Gegenwart. Es besteht gleichsam ein Kreis: Gott spricht und läßt sein Wort auch durch den Hl. Geist in die Herzen der Hörer eindringen. Dieser Einwand besagt etwas Richtiges. Es besteht nur die Gefahr, daß übersehen wird, daß zunächst der Kreis noch gebrochen ist. Im Bewußtsein der Gefahr eines Mißverständnisses wird man deshalb doch wohl den Begriff „Mensch der Gegenwart" einführen müssen, da nämlich kein Gegensatz zu „Kirche" damit gegeben ist.

1 e) Es ist zu beachten, daß der Prediger in der Definition nicht erwähnt wird. Das ist in gewisser Weise eine Definitionslücke. Da aber die Person nicht konstitutiv ist für den Predigtbegriff, ist sie wohl von Fezer fortgelassen worden. Sachlich hat diese Lücke jedenfalls keine Bedeutung.

2. Fragen, die sich an die ganze Definition richten.

2 a) Fezer sagt: „Die Predigt ist der der Kirche befohlene Dienst..." Wäre es nicht richtiger gewesen, die Definition lautete: „Die Predigt möchte sein, sie sollte sein, sie ist ein Versuch"? „Ist" kann nur stehen, wenn Gott wirklich gegenwärtig ist und sich zu seinem Wort bekennt. Damit ist gesagt, daß eine Predigt keine Predigt ist, wenn nicht Gott wirklich gegenwärtig ist. Der Gedanke des Versuchs schließt die Gefahr eines Mangels an Glauben an Gottes Verheißung nicht notwendig in sich.

2 b) Wie denkt sich Fezer das Verhältnis von Gottes- und Menschenwort? Ist der Gedanke, daß auch die Predigt durch die Rechtfertigung hindurch muß, nicht nur unklar und abgeschwächt, wenn Fezer vom „armen Menschenwort" spricht? Muß nicht vielmehr betont werden, daß Gott trotz des

Menschenwortes handelt, daß das Wort des Menschen immer verkehrt ist und nur gut durch Gottes Gnade? Daß Fezer diese Frage sieht, zeigt ein Wort von ihm: Predigt als menschliches Bemühen ist immer eine unmögliche Sache. Angedeutet ist dieses systematische Problem ja auch im Gedanken vom „armen Menschenwort". Dennoch wird die Sache von Fezer wohl etwas anders betrachtet als im Einwand geschehen ist. Der Blick ist nicht mehr gerichtet auf das verkehrte menschliche Tun, sondern auf das Gebot und die Verheißung Gottes. Ohne die Wahrheit des Einwandes abzuschwächen, kann und darf bei der Predigt nicht nach rückwärts, sondern muß der Blick nach vorwärts gerichtet werden. In diesem Zusammenhang sei auf das Wort Luthers hingewiesen, daß die Bitte: „Vergib uns unsere Schuld!", sich nicht auf die Predigt auszudehnen habe.

§ 8: Fendt „Die evangelische Predigt ist jene Form des evangelischen Wortgottesdienstes, in welcher ein wissenschaftlich dazu vorgebildeter und von der Gemeinde dazu berufener Christ das christliche Kerygma, wie es im Neuen Testament vorliegt, den Menschen seiner Zeit in ihrer Art, aber ohne Beschädigung der Substanz des Kerygmas oder Vermehrung mundgerecht zu machen sucht und das nicht aus pädagogischen, ästhetischen oder sonst menschlich bedeutsamen Gründen, sondern weil das christliche Kerygma das Wort ist, dem die Verheißung gilt, mittelst dieses Wortes werde der Hl. Geist den Glauben wirken, wo und wann es Gott gefällt."

Diese Definition von L. Fendt steht neben Fezer, also jenseits der Grenze von Joh. Bauer, auf dem Boden einer mit Gott ernstmachenden Theologie. Doch das schließt nicht einige bemerkenswerte Eigenarten aus. Drei Punkte fallen dort besonders auf.

1. Es ist die Rede vom Gegenstand des christlichen Kerygmas, „wie es im Neuen Testament vorliegt". Christliches Kerygma aber heißt bei Fendt in der zentralen Form: Jesus von Nazareth ist der Christus Gottes für uns. Gegenstand des christlichen Kerygmas ist also ein bestimmt angebbarer Gedankeninhalt, der als spezifischer Sinn des Neuen Testamentes hingestellt wird, von dem aber das Alte Testament ausgeschlossen ist.

2. Die Aufgabe des Predigers bezeichnet Fendt damit, „das Kerygma den Menschen der Gegenwart mundgerecht zu machen", d. h. also, das Kerygma ist vom Prediger so zu gestalten und zu formen, daß es der Mensch der Gegenwart aufnimmt und erfaßt.

3. Mit dem Ausdruck: „Das christliche Kerygma ist das Wort, dem die Verheißung gilt" wird ein angebbares Wort einer Identifizierung mit dem so verstandenen christlichen Kerygma unterzogen.

Weniger bedeutsam sind drei weitere Eigenarten dieser Begriffsbestimmung.

4. Wenn Fendt die Predigt als Form des Wortgottesdienstes definiert, so hat er das wohl lediglich zur Unterscheidung und Abgrenzung gegenüber dem Unterricht getan.

5. Der Prediger erfährt eine gewisse Qualifikation dadurch, daß er ein wissenschaftlich vorgebildeter und beredsamer Christ zu sein hat.

6. In der Formulierung: „... nicht aus pädagogischen, ästhetischen oder sonst menschlich bedeutsamen Gründen" liegt eine ausdrückliche Polemik vor, die sich gegen Umbiegung und Mißbrauch der kirchlichen Verkündigung abgrenzen will.

Nachdem die Besprechung der Predigtdefinitionen zu Ende geführt ist, wird das Ergebnis festgestellt, das sich aus den Betrachtungen der bisherigen Definitionen ergeben hat. Es werden neun Größen herausgestellt, die eine Predigtdefinition konstituieren:

1. Die Offenbarung oder das Wort Gottes,
2. Die Kirche als der Ort der Predigt,
3. Der göttliche Befehl,
4. Das besondere Amt des Predigers,
5. Der Gedanke, daß die Predigt ein Versuch ist,
6. Die Beziehung zur Schrift,
7. Der Begriff der eigenen Rede,
8. Der Begriff der Gemeinde,
9. Der Hl. Geist als der Ausgangspunkt, das große Zentrum und als der Schlußstein.

Man kann in der Tat an dem stark menschelnden Verfahren, diese neun Punkte als konstitutiv für den Predigtbegriff zu betrachten, Anstoß nehmen. Warum gerade neun, nicht mehr und nicht weniger? Hat hier nicht die Kirche ein grundlegendes, autoritatives Wort zu sagen? Jedoch die Kirche kann auch nur über sich hinausweisen auf das sie begründende Evangelium und die ihre Lehre festlegenden Dogmen. Sache und Pflicht der Theologen ist es dann, auf Grund dieser Schriftdokumente sich ernsthaft auf den Auftrag und die Lehre der Kirche zu besinnen. Solche Besinnungen aber, die sich in Lehrmeinungen, in den verschiedensten Theologien äußern, sind weit davon entfernt, Dogma zu sein, sondern nur dogmatische Sätze und als solche zu werten. Aus diesem Grunde verfügen wir nicht über eine gemeinsame protestantische Theologie, über einen consensus, über eine derartige autoritäre kirchliche Führung, die den Professoren und Pfarrern eine Richtschnur geben könnte. Ein solcher sicht- und haltbarer consensus fehlt uns vollkommen im Protestantismus.

II. VERSUCH EINER NEUEN DEFINITION

1. *„Die Predigt ist Gottes Wort, gesprochen von ihm selbst unter Inanspruchnahme des Dienstes der in freier Rede stattfindenden, Menschen der Gegenwart angehenden Erklärung eines biblischen Textes durch einen in der ihrem Auftrag gehorsamen Kirche dazu Berufenen."*

2. *„Die Predigt ist der der Kirche befohlene Versuch, dem Worte Gottes selbst durch einen dazu Berufenen so zu dienen, daß ein biblischer Text Menschen der Gegenwart als gerade sie angehend in freier Rede erklärt wird als Ankündigung dessen, was sie von Gott selbst zu hören haben."*

Beide Formeln enthalten, äußerlich gesehen, das Material des bisher Erarbeiteten; in beiden Fassungen kehren die gleichen Elemente wieder, jedes an seinem Ort, je unter dem entscheidenden Gesichtspunkt; sie bilden zusammen die Antwort auf die Frage nach dem Verhältnis von Gotteswort und Menschenwort.

Das Ganze bildet einen in sich geschlossenen Kreis, der mit Gott seinen Anfang nimmt und mit ihm auch sein Ende.

Diese Verschiedenheit des Sehens, einmal von oben nach unten, dann von unten nach oben, liegt darin begründet, daß man auf die Frage der Predigt nicht mit einem Wort antworten kann. Diese Antwort liegt jenseits dessen, was in einer Antwort gesagt werden kann. Wenn wir theologisch aufrichtig und gewissenhaft von der eigentlichen Wirklichkeit reden wollen, dann gilt es nur, Wegweiser aufzustellen, über die menschliche Reflexion hinaus hinzuweisen auf den Gegenstand, der in sich selber lebt und webt, der Gegenstand bleibt und nicht Inhalt eines Begriffes wird.

Hinter beiden Formeln steht letztlich der entscheidende Satz der Christologie von der Einheit Gottes und des Menschen in Jesus Christus. Die Schwierigkeit der Predigt ist keine andere, als wenn wir sagen wollen, wer und was Jesus Christus ist. Beide Wege, den Weg des absteigenden und des aufsteigenden Denkens hat der Theologe zu gehen, und das bedeutet aber: er kann nur Wegweiser, Zeigefinger sein wollen, kann nur gebrochen, höchst unvollkommen seine Aufgabe als Verkünder des Wortes Gottes erfüllen.

Seine Rede ist eine „freie Rede", eigene Rede, die weder im Vorlesen noch in einer Exegese besteht, sondern er sagt vielmehr das von ihm gehörte Schriftwort als sein eigenes, selbständiges Wort. Seine Aufgabe als Prediger kommt der des Apostels – wenn auch auf einer anderern Ebene – gleich. Auch er hat, einschränkend gesagt, ein „prophetisches Amt", das allerdings mit exousia ausgerüstet sein muß.

Auf die Frage, ob nicht von Christus aus, in dem sich die Einheit des Alten und Neuen Testamentes vollzieht, eine Synthese der zwei Formeln möglich sei, kann nur geantwortet werden: Zwar greifen alle heidnischen Religionen nach dieser Synthese, aber christliche Theologie wird sich abzugrenzen wissen gegen dieses Wagnis des Zugreifens, weil sie Theologie der Offenbarungsreligion ist, weil jede Synthese einen Angriff auf die Ehre Gottes bedeuten würde. Beides ist zu betonen: Gott ist der Wirkende, und der Mensch hat den Versuch zu unternehmen, auf das, was in der Schrift gesagt ist, hinzuweisen. Ein Drittes gibt es nicht.

Dieser der Kirche zu leistende Dienst des Predigers ist, wie die Theologie überhaupt, ein Versuch, denn von uns aus kann es nur ein Versuch sein, dem Worte Gottes zu dienen, es anzukündigen, und insofern ist er ein „befohlener Versuch". Das Wort Ankündigung hat gegenüber dem Ausdruck Verkündigung den Vorteil, daß es in ihm selbst schon liegt: Gott wird sich hören lassen, Gott selbst spricht, nicht der Mensch, sondern der wird nur ankündigen, was Gott sagen will. Diesen Sinn hat auch epangelia im Neuen Testament. Einen Aufruf zur menschlichen Entscheidung trägt „Ankündigung" eigentlich nicht in sich. Eine solche Entscheidung, die allein zwischen Gott und Mensch fällt, ist durchaus nicht konstitutiv für die Aufgabe der Predigt. Predigt ist ein „der Kirche befohlener Versuch", und aus diesem Grunde bedarf es in der Definition keiner näheren Qualifikation der Predigt, wenn man anstatt des einfachen Wortes Predigt, kirchliche Predigt betont wissen wollte.

Der Begriff der Predigt kann nicht auf Grund irgendwelcher Erfahrungen festgelegt werden, sondern er ist ein theologischer Begriff, der im Glauben geschieht, der nur hinweisen kann auf die göttliche Wirklichkeit.

B) Kriterien der Predigt

I. DIE OFFENBARUNGSMÄSSIGKEIT DER PREDIGT

Die Predigt muß *offenbarungsmäßig* sein. Das bedeutet zunächst negativ: Wir haben in der Predigt nicht durch das, was wir selber tun, Gottes Offenbarung zu wiederholen oder zu vermitteln. Gerade weil der Sinn des Ereignisses der Predigt das Deus loquitur ist, kann es sich nicht darum handeln, daß wir uns in irgendeiner Form offenbaren. Wir haben unter allen Umständen zu respektieren, daß Gott sich selbst offenbart hat und sich selbst offenbaren wird als der Wiederkommende. Alle Aktion, die in der Predigt, die zwischen dem ersten und zweiten Advent stattfindet, Ereignis wird, ist Aktion dieses göttlichen Subjektes selber. Offenbarung ist ein in sich geschlossener Kreis, wo Gott das Subjekt und der Gegenstand und die Vermittlung zwischen beiden ist.

Daraus lassen sich ein paar *praktische Folgerungen* ziehen:

1. Die Predigt kann nicht ein Beweis der Wahrheit Gottes sein wollen.

Sie kann nicht die Absicht haben, durch eine intellektuelle Demonstration, durch Aussprechen und Einprägen bestimmter Sätze Gott beweisen zu wollen. Es gibt keinen anderen Gottesbeweis als denjenigen, den Gott selber führt.

Es kann auch nicht darum gehen, die Wahrheit Gottes herauszustellen oder darstellen zu wollen in ästhetischer Form, in Form eines Bildes, einer Nachempfindung, eines ästhetischen Heranholenwollens Jesu Christi. Wenn Paulus im Galaterbrief von einem „Vor-Augen-Malen" Christi spricht, so redet hier eben der Apostel. Wir stehen unter dem Gebot: „Du sollst dir kein Bildnis noch Gleichnis machen!" Wenn Gott selber seine Wahrheit sprechen will, dann ist es dem Prediger verboten, sich mit seiner Wissenschaft und Kunst einzuschieben. Von hier aus wird nicht nur das Christusbild in der Kunst, das Kruzifix in der Kirche, sondern auch die Errichtung geistiger Gottesbilder problematisch.

2. Die Predigt darf ferner nicht die Wirklichkeit Gottes schaffen wollen.

An Schlagworten, die alle implizit einen Fortschritt vom bloßen Wort zur „Wirklichkeit", von der Lehre zum „Leben" aussagen wollen, seien genannt: Die Predigt hat die Aufgabe, das Reich Gottes zu bauen, sie soll bekehren, in die Entscheidung stellen; sie soll vor die Wirklichkeit Gottes stellen; sie muß lebendig sein und ein Erlebnis mitteilen. Die Predigt soll die Situation des Menschen aufdecken und ihn damit vor Gott stellen. Selbst wenn diese Situation mit Kierkegaard als „Krankheit zum Tode" gefaßt wird, ist hier zuviel gewollt.

Ja, das kann alles in einer Predigt geschehen, aber es sind Akte, die Gott selber tun will und die deshalb nie menschliche Aufgabe sein können. Wenn man einwendet, der Mensch soll eben im Glauben bekehren, d. h. aber im Wissen darum, daß das, was da geschieht, Christus tut, so kann nur gesagt werden, daß das Glauben eben Auf-Christus-Schauen bedeutet, so nämlich, daß der Prediger gerade der Gemeinde gegenüber nicht den Eindruck erweckt, er habe Christus und den Geist b e i sich. Die Einsicht, daß Gott kein Deus otiosus, sondern ein handelnder ist, und daß wir nur im Gehorsam gegen das Aufgetragene, nicht aber in selbsterwähltem Tun zu stehen haben, legt uns die Forderung der Zucht auf.

Unsere Predigt ist von der der Propheten und der Apostel, die Christus „gesehen und betastet" haben, zwar nicht qualitativ, aber insofern verschieden, als sie an einem andern Ort geschieht. Wenn Gott aber durch unser Wort spricht, dann ist es faktisch Ereignis, daß Propheten und Apostel dastehen, auch wenn ein simpler Pfarrer hier spricht. Doch sollen wir das nicht wissen, auch nicht selber uns „prophetisch dröhnen" hören, obwohl es sich darum handelt, daß Christus heute gegenwärtig wird, aber eben durch Gottes eigenes Handeln. Der Prediger steht unter einer ananke (1. Kor. 9, 16), und diese schlägt ihm eigene Vorsätze oder Programme aus der Hand.

Wenn dem so ist, so scheidet schlechterdings der *Skopus* einer Predigt aus, und zwar sowohl der theoretische (ein in einer Formel angebbares Thema oder ein einzuprägender Satz) als auch der praktische (die Absicht, die Zuhörer zu einer bestimmten Handlungsweise anzuleiten). Ein solches Vorhaben des Predigers kann nichts anderes sein, als der Versuch, dem vorzugreifen, was Gott selbst in der Predigt tun will. Freilich gibt es ein Thema, es wird etwas gesetzt (tithetai), es wird ein Satz ausgesprochen, aber dieser Satz ist streng Gott vorzubehalten. Gott setzt in der Predigt, was er setzen will und wird. Und wenn die Predigt meint, ihrerseits ein Thema aufstellen zu sollen, so greift sie dem vor, was Gott sagen will. Wenn der Prediger der Gemeinde ein irgendwie geartetes Begriffsbild vorträgt, sei es auch ernsthaft aus eingehender Exegese gewonnen, so spricht eben nicht die Schrift, sondern es wird jetzt ü b e r sie gesprochen. Positiv ausgedrückt: Die Predigt soll Auslegung der Heiligen Schrift sein. Ich habe nicht d a r ü b e r, sondern d a v o n zu sprechen; ich habe nicht etwas zu sagen, sondern nur etwas nachzusagen. Wenn Gott allein in der Predigt sprechen will, so darf weder Thema noch Skopus dazwischentreten. Sollte nachträglich so etwas deutlich werden wie eine

Überschrift, müßte ich mißtrauisch fragen, ob ich nicht doch einem eigenen Begriffsbild gefolgt bin oder eine Einheit vollbringen wollte, die nur Gott hier einbringen kann. Wir haben die dem Text eigentümliche Gedankenbewegung einfach mitzumachen, darin zu bleiben und nicht nach einem „herausspringenden" Skopus zu fragen.

Schon bei der Textwahl kann dasselbe geschehen wie bei der Themawahl, daß ich nämlich in die Bibel hineingreife, „etwas Schönes" finde und heraushole. Es ist schon gefährlich, an Hand eines bestimmten Textes für eine bestimmte Gemeindesituation oder für ein bestimmtes Ereignis zu sprechen. Auch in solchen Lagen ist ganz einfach die Bibel auszulegen. Es geschieht dann vielleicht, daß Gott auf legitime Weise in diese Situation hineinspricht und ein Wunder tut. Wir dürfen das Wunder nicht schon mit hineinrechnen. Es könnte sonst leicht geschehen, daß der Prediger zum Papst seiner Gemeinde wird, der sich erlaubt, seine eigene Idee als Wort Gottes vorzutragen.

Wir haben nun die *positive* Seite dessen zu erwägen, was als Kriterium der Offenbarungsmäßigkeit einer Predigt anzugeben ist. Dabei müssen wir davon ausgehen, daß Gott selbst sich offenbaren will. Er will selbst seine Offenbarung bezeugen, er – und nicht wir – h a t dies getan und w i l l dies tun. So geschieht die Predigt im Hören auf den sich offenbarenden Willen Gottes. Der Prediger ist einbezogen in dieses Ereignis, es geht ihn an, und er ist durch dies Ereignis aufgerufen. Das Ereignis wird Bestandteil seiner eigenen Existenz. Weil Gott sich offenbart hat und sich offenbaren will, und weil der Prediger diesem Ereignis gegenübersteht, so muß seine Predigt (wenn er einen Auftrag hat) in bezug auf Inhalt und Form, d. h. in bezug auf den logischen Gehalt der Rede wie in bezug auf die Einstellung des Predigers von der Beziehung auf dies „Gott hat sich offenbart; Gott will sich offenbaren" beherrscht sein. Die Predigt ist kein neutrales Tun, auch kein Handeln zwischen zwei Partnern, sondern sie kann nur Herrschaft auf Gottes Seite, Gehorsam auf der Seite des Menschen sein.

Nur indem die Predigt von dieser Beziehung beherrscht ist, kann sie verstanden werden als Kerygma, d. h. als Botschaft, die ein Herold im Auftrag ausrichtet. Der Prediger hat dann Vollmacht. Er bedarf aber, um vollmächtig zu sein, der Vollmacht dessen, der ihn gesandt hat. Keryx sein heißt dann: herkommen von der Epiphanie des Christus und entgegengehen dem Tag des Herrn. In dieser doppelten Bewegung: Gott hat sich offenbart, und Gott will sich offenbaren, steht die im neutestamentlichen Sinn offenbarungsgemäße Predigt.

Auch aus dieser positiven Bestimmung ziehen wir wiederum *praktische Folgerungen.* Zwei Punkte ergeben sich aus diesem Woher und Wohin:

1. Ein unbedingtes *Woher:* Gott hat sich offenbart, das Wort ward Fleisch. Gott hat die menschliche Natur an sich genommen, das Menschsein ist in Christus Gottes geworden, in Christus hat Gott den abgefallenen Menschen sich zu eigen gemacht. Dem Abfall der Menschen gegenüber hat Gott sich nicht zürnend abseits gestellt, vielmehr hat er sich persönlich mit der Menschheit vereinigt. Das verlorene Menschsein wird heimgerufen.

D a s heißt: Gott hat sich offenbart. Im Tode Christi ist das letzte Wort dieser Menschwerdung gesprochen. In Christus ist unsere Schuld und Strafe aufgehoben und hinweggetragen. In Christus ist der Mensch ein Versöhnter geworden – eph' hapax, ein für allemal. Glauben heißt: sehen, daß dem so ist, daß Gott sich mit uns in Christus versöhnt hat.

Wenn also die Predigt von diesem Woher beherrscht zu sein hat, dann kann sie in keiner anderen Haltung geschehen, kann auch nichts anderes sein wollen als – Gebärde des Empfangenden. Die Predigt kann nur geschehen im Wissen: Es ist von Gott selber aus alles in Ordnung gebracht! Allem Zweifel und Widerspruch gegenüber, ja zuvor gilt es: das Wort ward Fleisch. Es ist wirklich alles geschehen, was notwendig war, um jegliche Not des Menschen zu beheben.

Das darf die Predigt jedoch nicht nur s a g e n. Die Predigt, die im Angesicht der g e s c h e h e n e n Offenbarung nun ihrerseits g e s c h i e h t, muß sich unbedingt ganz unter diese Voraussetzung stellen. Was auch im einzelnen zu sagen sein mag – d i e s ist der Punkt, von dem aus schlechterdings alle Linien auszugehen haben. Nicht das Wort „Christus", nicht irgendwelche Beschreibung Christi, sondern allein das Geschehen von Gott aus mit uns in Christus, das Immanuel, Gott mit uns – dies ist der Mittelpunkt aller Predigt.

Was muß unter allen Umständen als von hier aus begreiflich zu machendes Wort verstanden werden? Die Predigt ist immer wieder in Versuchung, statt dieses Geschehens, statt der Güte Gottes die Sünden der Menschen zu verkündigen. Oder es wird der Irrtum zum heimlichen Thema gemacht, d. h. im Bewußtsein der Richtigkeit eigener Ansicht wird gegen (von hier aus gesehen) irrige Meinungen Stellung genommen. Gewiß soll auch von Sünde und Irrtum der Menschen geredet werden. Doch es wird darauf ankommen, hiervon zu reden als von der getilgten Sünde, dem aufgehobenen Irrtum. Dabei muß wiederum die Sünde gewiß ernst genommen werden; doch noch ernster ist die Vergebung zu nehmen. Denn entweder ist die Vergebung das erste Wort, oder sie ist überhaupt nicht wahr. Von der Sünde aber ist nicht anders zu reden, als nur davon, wie sie getragen wird vom Lamm Gottes. Eine christliche Predigt handelt von der Sünde als von der vergebenen Sünde. Und wie mit der Sünde, so ist es auch mit dem Gesetz. Das kann nur gut sein, wenn es im Zusammenhang mit dem Evangelium steht. Gewiß kann man von der Güte Gottes reden und dann sagen: Weil es die Güte Gottes gibt, darum fällt auch das Licht dieser Güte ins menschliche Leben. Doch die abstrakte Gesetzespredigt ist unter keinen Umständen christliche Predigt. Die Kirche kann nur das Gesetz predigen, das ihr im Zusammenhang mit dem Evangelium gegeben ist. Das Gebot darf nur mit dem „Du sollst Gott fürchten und lieben!" zur Sprache gebracht werden.

Auf derselben Linie liegt die Möglichkeit des Dringens auf Heiligung des Menschen. Wo es gilt: „Wir sind versöhnt mit Gott", wie sollte da nicht sogleich der Anspruch an den Menschen herauskommen! Wie sollte man das Evangelium verkündigen, ohne das Gesetz zu hören! Aber der Hinweis auf die Heiligung wie auf Sünde und Gesetz darf nur geschehen im Lichte des unbedingten Woher. Diese Gefahr der Sünden-, Gesetzes- und Heiligungspredigt liegt in der calvinischen Predigt näher als in der lutherischen. Auf die Gefahr der lutherischen Predigt wird später kurz hinzuweisen sein. Die Predigt muß ferner vom ersten Satz an – bildlich gesprochen – Gefälle haben. Dies besteht jedoch nicht in der Begeisterung, im Glauben, im Ernst, in der Überzeugung des Predigers. Sondern die Predigt bekommt solches Gefälle selber, wenn an ihrem Anfang steht: „Das Wort ward Fleisch", eph' hapax, und wenn damit bei jedem Gedanken gerechnet wird. Wie viele Predigtsätze, vor allem wieviele sogenannte Predigteinleitungen, die das Interesse des Hörers fesseln sollen, würden von hier aus gesehen, besser ungesprochen bleiben. Handelt es sich doch nicht so sehr darum, an die Menschen heranzukommen, als vielmehr darum, von Christus herzukommen. Dann kommt man von selbst an die Menschen heran. Nichts darf gesagt werden auf einer anderen Ebene als auf dieser: Das Wort ward Fleisch. Es ist auch gar nicht irgendeine Stellung zu nehmen zum Evangelium, sondern der Prediger soll einfach einmal an das Evangelium glauben und von diesem Glauben aus alles sagen. Das heißt aber: Die Predigt soll stets bergab gehen, nie bergauf, irgendeinem Ziele zu. Es ist ja schon alles geschehen. (Auch der Römerbrief strebt keinem Ziele zu. Bevor Paulus vom Gericht redet, schreibt er Röm. 1, 16 und 17. Und wenn man Röm. 1 und 2 richtig liest, dann sieht man, daß Röm. 1, 16 und 17 das Licht ist, das über dem Ganzen steht. Darum, nämlich weil unter diesem Zeichen stehend, ist auch Röm. 1 und 2 Gnadenpredigt.)

2. Zweitens ist zu reden von dem unbedingten *Wohin* der Predigt. Dieses Wohin ist nur zu verstehen von der Erkenntnis aus, daß die Offenbarung, die Versöhnung, die Verwirklichung des „Immanuel, Gott mit uns", von der wir im Neuen Testament hören, als unbedingt, ein für allemal geschehen — daß sie darzustellen ist in derselben Unbedingtheit als ein auf uns Zukommendes. Jesus Christus gestern, heute und derselbe in Ewigkeit. Das Neue Testament ist vom ersten bis zum letzten Wort bezogen auf die Zukünftigkeit des Heils. Diese steht aber für das Neue Testament in keinem Widerspruch zu dem eph' hapax. Sondern eben dies Ereignis eph' hapax ist zugleich das Woher des an Christus glaubenden Menschen und sein Wohin. Der im Neuen Testament als der Erschienene verkündigte Christus wird auch verkündigt als der, der da erscheinen wird. Dieser Tag des Erscheinens Jesu Christi ist die Ausrichtung, in welcher der Mensch im Glauben an Christus sein Leben lebt. Mit derselben Unbedingtheit, mit der es für den Christen ein Woher gibt, gibt es für

ihn auch ein Wohin. Und beides ist dasselbe: Jesus Christus gestern, heute und in Ewigkeit. Daß wir so von Christus alles zu erwarten haben, das ist Eschatologie. Und so ist christliche Eschatologie nichts anderes als Christologie. Wenn also die Predigt die Offenbarung ebenso vor wie hinter sich hat, dann entspricht der vorhin beschriebenen Haltung des schlechthinnigen Empfangens, der Dankbarkeit und Gewißheit die Haltung und Bewegung der Erwartung. Sie erwartet, daß das, was geschehen ist, wieder geschehen möchte, daß das uns Gegebene uns wieder gegeben werden möchte. Zwischen diesem ersten und zweiten Advent spielt sich die Predigt und ebenso das ganze Leben des Christen ab. Nun kommt alles darauf an, sich nicht fangen zu lassen von dem Woher allein, gleich als ob das Herkommen von Gottes Gnade, als ob diese christliche Gewißheit bedeuten könnte: eine Ruhe, ein Besitzen, ein endgültiges Sichergewordensein. Vielmehr ist diese Gewißheit nun auch tiefste Bewegung und Unruhe. Dieses Haben ist ein völliges, ein zitterndes Nichthaben. Dieser Reichtum ist, sowie wir der Zukunft uns zuwenden, völlige Armut, Entbehren, aber auch Erwarten, Hoffen, Ausblick auf das, was uns geschenkt werden wird.

Das christliche Leben besteht im Schreiten von einem dieser Pole zum anderen, vom Haben zum Entbehren, das schon wieder zuversichtliches Ausstrecken nach neuem Reichtum ist. Wir wandeln im Glauben und nicht im Schauen (2. Kor. 5, 7). Lebten wir schon im Schauen, dann gäbe es keinen ersten und zweiten Advent, kein Gestern und Heute und Morgen. Aber wir wandeln im Glauben, das ist in der doppelten Bewegung von Christus her zu Christus hin. Friede, Freude ist beides, aber des Christen Wandel bewegt sich zwischen beiden. Die Predigt muß nun Darstellung dieses Wandels im Glauben und nicht im Schauen sein; d. h. die Gewißheit, die Zuversicht ist nicht christliche Gewißheit, nicht christliche Zuversicht, wenn sie nicht durchschossen ist vom Einschlag der Sehnsucht nach zukünftigem Heil, nach Christus, den wir immer wieder aufs neue nötig haben. Ebenso wie der erschienene Christus muß der kommende Christus das Zentrum jeder Predigt sein. Alles, was zu sagen ist, muß sich unterordnen dem: Christus kommt, wir warten auf seinen Tag.

„Das Wort ward Fleisch" kann nur recht gesprochen werden, wenn es dann heißt: „Amen, ja komm, Herr Jesus!" Die *lutherische Predigt* hatte von jeher das Charisma, den Satz „ho logos sarx egeneto" besonders gut zu verstehen. Ihre Gefahr ist dabei aber die des allzu getrosten Pochens auf das Ereignis, das hinter uns liegt. So kommt es zur dogmatischen, zur Erfahrungs-, zur Erlebnispredigt. Doch Phil. 3 tritt zu Phil. 2: Nicht, als ob ich es schon ergriffen hätte, ich jage ihm aber nach! So kommt Bewegung in die Ruhe. Die Predigt muß eben auf der ganzen Linie sowohl die vollständige Sicherheit des: „Es ist geschehen, vollbracht!" haben als auch den Zug vorwärts. Sie muß unter der Einsicht stehen: Es muß alles anders werden; wir warten eines neuen Himmels und einer neuen Erde. Ja, gerade wir, die wir uns mit Gott versöhnt wissen, können hier nur Gäste sein in der Hoffnung auf das: „Siehe, ich mache alles neu." – Die christliche Predigt muß darum unbedingt *Hoffnungs*predigt sein. Gerade weil hier gesprochen wird von dem, das unbedingt *ist*, wird auch gesprochen von dem, das unbedingt *werden soll*. Es darf nicht bleiben beim Sein, aber auch nicht nur beim Werden. Sondern der Schritt vom Sein zum Werden muß ans Licht treten. Die Wendung vom Gestern zum Morgen ist der Sinn des christlichen Heute. So muß auch die offenbarungsgemäße Predigt Lauf sein im Sinne von Phil. 3. Der Prediger, der von einem unbedingt festen Ausgangspunkt herkommt, gerade er muß sich ausstrecken, muß hungern und dürsten, wobei ihm aber das Sattwerden zugesagt ist. Die homiletische Kunst wäre die: auch wenn vom Gegenwärtigen gesprochen wird, von Erlebnis und Erfahrung, vom neuen Leben, das in der Geschichte erschienen ist – so darf das nicht anders vorkommen als im Zug auf das Morgen hin. Wir sind doch ein Volk, das im Finstern wandelt. Aber wir sehen ein großes Licht.

Das sind die beiden Punkte, die die Offenbarungsmäßigkeit einer Predigt bestimmen: Weihnachten und der Tag Christi. Wenn die Predigt von diesen beiden Punkten gehalten wird, dann dürfte sie offenbarungsgemäß sein. Zwischen diesen beiden Punkten muß gesagt sein, was auch immer gesagt wird.

II. DIE KIRCHLICHKEIT DER PREDIGT

Die Predigt hat „im Raume der Kirche" zu geschehen, d. h. in der konkreten Bindung an die Existenz und den Auftrag der Kirche.

Wenn von Offenbarung im Bereich des Alten und Neuen Testamentes die Rede ist, so geht es dabei nicht um eine allgemeine, immer und überall sich ereignende Wirklichkeit, sondern um ein besonderes, konkretes, eine bestimmte Zeit ausfüllendes Ereignis. Es ist auch nicht eine vom Menschen aus zu erreichende oder zu erzwingende Wirklichkeit gemeint, sondern ein auf ihn zukommendes, ihm vorgegebenes Geschehen. Daraus ergibt sich für die Offenbarungsmäßigkeit der Predigt: Diese ist keine Eigenschaft, die ableitbar wäre aus dem Bestand der menschlichen Existenz, weder hinsichtlich ihrer natürlichen, noch ihrer geschichtlichen Bedingtheit. Sie ist keine Eigenschaft, die in Beziehung zu irgendeiner Philosophie oder Weltanschauung stünde, sondern sie ist allein bezogen auf jenes Ereignis, das sich aus der Gesamtheit des erfahrbaren Geschehens abhebt als ein je und je besonders geschenktes. Andererseits kann diese Beziehung der Predigt auf Offenbarung nicht als eine Eigenschaft verstanden werden, die wir ihr beizulegen oder durch irgendeine Technik herbeizuführen vermöchten. Es liegt nicht in unserer Hand, diese Bewegung zwischen dem ersten und zweiten Advent zu veranlassen. Aber wenn es wirklich geschieht, daß eine Predigt offenbarungsgemäß ist, dann ist das nichts als Gnade, ganz allein Gottes Werk.

Wo nun diese doppelte Warnung: „Offenbarungsmäßigkeit ist keine von irgendeiner Philosophie aus bestimmbare, noch von uns der Predigt beizulegende Eigenschaft", gehört ist, da gibt es nur ein Nach-denken des uns gnadenweise vorgegebenen Einzelereignisses. Wenn wir so nun unsere Ohnmacht ihm gegenüber wissen, sehen wir uns an einen Ort gewiesen, den wir nicht erst zu entdecken, nach philosophischen, politischen, ästhetischen Gesichtspunkten zu wählen haben, sondern auf den wir uns einfach hingedrängt sehen als den einzigen Ort, wo man noch stehen kann, nämlich die *Kirche*.

In diesem Raume gibt es ein Gebundensein, das allem, was

auf Erden an Bindungen vorzufinden ist, wie Familie, Stand, Volk, Rasse usw. gegenüber als ganz andersartig qualifiziert ist, das nur verstanden wird als absolut ausgezeichnetes vor allen schöpfungsmäßigen Bindungen, weil es das en Christo einai meint. Hier, in der Kirche, wo das Wort von der Versöhnung laut wird, hier werden eben durch dieses Wort alle jene Bindungen als unrein, als vergiftet, als eingetaucht in die Sphäre des Abfalls aufgedeckt und als solche gerichtet. Aber durch dieses Wort wird uns auch gesagt, daß hier aller Schade geheilt ist, daß uns hier die ganze Last der sündigen Bindungen abgenommen wird. Diejenigen, die das Wort des uns gnädigen Gottes hören, werden dann auch nachträglich ihr Geschaffensein erkennen, sofern ja in der Botschaft von der Versöhnung, welche der Kirche in erster Linie aufgetragen ist, auch die Botschaft von der Schöpfung enthalten ist. Wo das Wort der Offenbarung sie schafft und wo Menschen als Hörer dieses Wortes sind, da ist Kirche, da ist kyriake ekklesia, da ist Versammlung derer, die vom Herrn aufgerufen sind. An diesem Ort allein, an dem wir durch die Offenbarung hingestellt sind, kann legitim gepredigt werden, nicht etwa auf Grund einer Besinnung über den Menschen oder über den Bestand des natürlichen und geschichtlichen Kosmos oder dergleichen. Allein dadurch, daß dieser Ruf der Offenbarung ergeht und daß Menschen ihn zu hören bekommen, wird Kirche. So folgt aus der Offenbarungsmäßigkeit der Predigt von selbst ihre *Kirchlichkeit* und daraus, daß sie geschieht an jenem einzigartigen Ort, wohin das Wort vom doppelten Advent ergangen ist, und wohin sich der Mensch ohne sein Zutun gestellt sieht, daraus folgt, ohne daß man einen Grund dafür angeben könnte, die Offenbarungsmäßigkeit der Predigt.

Dies gilt es nun noch an zwei Punkten zu erläutern. Wahre Kirche ist nach Conf. Aug. VII dadurch charakterisiert, daß hier evangelium pure docetur et recte administrantur sacramenta. An diesen zwei Begriffen – Sakrament und Verkündigung des Evangeliums – kann klargemacht werden, was mit dem Zusammenhang von Gestelltsein an den konkreten Ort und Offenbarungsmäßigkeit gemeint ist. Sinnvollerweise ist das Sakrament an erste Stelle zu rücken, denn man kann nicht wissen, was Predigt ist, ohne um das Sakrament zu wissen. Und Predigt im Vollsinn des Wortes ist nur da, wo sie vom Sakrament begleitet und erklärt wird. Im Sakrament geschieht es, daß mit den sichtbaren Zeichen ein Hinweis auf das die Kirche begründende und ihr verheißene Ereignis der Offenbarung im Unterschied zur Predigt und allem sonstigen kirchlichen Tun nicht nur ausgesprochen, sondern leiblich sichtbar vollzogen wird.

Mit der Taufe ist die Zugehörigkeit eines Menschen zur Kirche bestätigt, mit der Taufe beginnt das Leben, nicht mit der Geburt. Getauftsein heißt dann nichts anderes als dies: jene Beziehung zwischen Offenbarung und Mensch in dem bestimmten Raum ist vollzogen (Röm. 6, 3). Dieses ebaptisthemen eis Christon Jesoun besagt nicht nur, daß hier der Hinweis auf das eph' hapax der Offenbarung ausgesprochen ist, sondern daß es auch neben und vor allem, was ausgesprochen werden kann, noch etwas anderes gibt: das Ereignis des baptisma. Ist durch die Taufe das Offenbarungsereignis bezeichnet, von dem wir herkommen, so ist Abendmahl zwar das Zeichen desselben Geschehens, aber verstanden als des kommenden, von uns erwarteten (1. Kor. 11, 26).

In dieser Kirche nun, wo das Sakrament der Gnade und das Sakrament der Hoffnung — wobei doch beide beides sind — vollzogen werden, geschieht die Predigt. Weil beides, Sakrament und Predigt, nur im Raume der Kirche sinnvoll geschehen kann, darum haben beide ihre Berechtigung nur in der Bezogenheit aufeinander, d. h. aber: Predigt wird als dieses besondere Geschehen, als signum, das hinzuweisen vermag auf die große christliche Sache, erst dadurch legitimiert, daß sie herkommt von jenem andern signum, das da ereignishaft hinweist auf das Offenbarungsgeschehen und dadurch, daß sie nichts anderes sein will als Kommentar, Interpretation des Sakramentes, derselbe Hinweis nur mit Worten. Wenn die Notwendigkeit erkannt ist, daß die Predigt signum, ja selbst sakramentaler Akt werden muß — sakramental im Sinne von: ausgezeichnet, qualifiziert, hinausgehoben aus der Reihe anderer Möglichkeiten — dann haben wir Anlaß, uns dahin zu stellen, wo die Erfüllung dieser Forderung möglich wird, weil Gott da solche Gnade verheißen hat. Dieser Ort ist die Kirche. In diesem Hinblicken auf das, was Gott tut in Taufe und Abendmahl, daß hier der Mensch von Gott selbst bestimmt wird zur Zugehörigkeit zum Leibe Christi und gespeist und getränkt wird auf seiner Wanderschaft zum ewigen Leben – eben in diesem Hinblicken geschehe unsere Predigt: Mit dem Bewußtsein, daß alle diese hörenden Menschen getauft und dadurch in den Stand der Gnade berufen sind und daß das, was da schon geschehen ist, gewißlich wieder geschehen wird. Durch den Verweis auf Taufe und Abendmahl wird die Forderung nach „Gefälle" und „Strömung", nach jenem Woher und Wohin der Predigt ganz konkret, und da haben wir den Ort, wo man sich innerlich hinzustellen hat als Verkündiger des Wortes.

Wenn man nun von diesen grundsätzlichen Erwägungen aus die wirkliche Lage der evangelischen Kirche betrachtet, so bemerkt man hier einen ganz offenkundigen Mangel. In der Reformation ist die römische Sakramentskirche auf dem Boden des Evangeliums ersetzt worden durch die Kirche des Wortes. Das ist aber sehr bald so gedeutet worden, als sei nun die Sakramentsfeier als unwesentlicher Bestandteil aus dem Gemeindegottesdienst zu verdrängen, weil ja alles Gewicht auf die Predigt zu legen sei. Und heute steht auf der einen Seite der Katholizismus nach wie vor als Sakramentskirche, in der die Predigt tatsächlich ohne Bedeutung ist, und auf der anderen Seite eine evangelische Kirche, in der wohl im allgemeinen besser gepredigt wird, wo es allerdings auch Sakrament gibt, aber unter Ausschluß der Öffentlichkeit. Beides, sowohl die katholische wie die evangelische Überbetonung, ist eine Zerfaserung, eine Verstümmelung, ja eine Tötung der Kirche. Was ist das für eine Predigt, die hervorgehoben wird durch Zurücksetzung des Sakramentes, die nicht auf das Sakrament hinweisen kann, das sie zu interpretieren hat und von dem sie sich interpretieren läßt? Wir leben doch nicht von dem, was der Pfarrer zu sagen weiß, sondern davon, daß wir getauft sind, daß Gott uns gerufen hat. Wohl merkt man heute allenthalben diesen Mangel und versucht, ihn durch allerlei Ersatzmittel abzustellen: Erneuerung und Vertiefung der Liturgie, reichere Ausgestaltung des Gottesdienstes durch Musik und dergleichen – aber alle diese Versuche sind von vornherein zum Scheitern verurteilt, weil sie aus einer ganz falschen Orientierung erwachsen.

Man beruft sich in diesen Kreisen mit Unrecht auf *Luther*. Gewiß wollte er möglichst viel von dem liturgischen Gut der römischen Messe übernehmen, aber mit Einschluß des Abendmahles, und *Calvin* drang unnachgiebig darauf, daß in jedem Sonntagsgottesdienst das Abendmahl gefeiert werde. Was uns heute fehlt, ist das Sakrament im sonntäglichen Gemeindegottesdienst. Praktisch müßte sich das so gestalten, daß zu Beginn getauft würde – im Beisein der Gemeinde! – und am Ende Abendmahl gefeiert. In der Mitte zwischen beiden hätte dann die Predigt ihren sinnvollen Ort. Das hieße dann recte administrare sacramenta et pure docere evangelium. Aber solange nicht begriffen wird, was evangelischer Gottesdienst in seiner Gesamtheit bedeutet, so lange fehlt unseren theologischen Bemühungen, auch der liturgischen Bewegung, jede Legitimation. Erst da, wo rechter Gottesdienst abgehalten wird mit Predigt und Sakrament, erst da hat die Liturgie ihr Recht, weil sie nur da ihren Zweck erfüllen kann, nämlich hinzuführen zum Sakrament. Weil die Kirche ganz physisch-geschichtliche Größe, ganz reale, sichtbare Leiblichkeit ist und zugleich ganz unsichtbare als der geheimnisvolle Leib Christi, weil die Kirche beides zugleich ist, darum dürfen auch Verwaltung des Sakramentes und Verkündigung des Evangeliums auf keinen Fall getrennt werden.

Wir wären sicher bessere Protestanten, wenn wir uns vom Katholizismus mit seiner Einseitigkeit an das erinnern ließen, was uns fehlt. Gerade um dem Katholizismus begegnen zu können, müssen wir wieder wissen um das Sakrament. Im letzten Grund ist die liturgische Bewegung nichts anderes als Ausdruck der Sehnsucht nach den „schönen Gottesdiensten der katholischen Kirche". Aber nicht nach liturgischer Bereicherung haben wir dort zu suchen, sondern uns einfach sagen zu lassen, was es heißt, daß in der Kirche Sakrament vollzogen wird. Das wäre dann echter, antirömischer Protestantismus, der sich dies sagen ließe und sich zugleich um rechte Predigt bemühte.

Bei der Predigt kann es sich nur um ein Nachsprechen des Menschen handeln, ein Nachsprechen, das sich bezieht auf das Ereignis der vorausgegangenen Offenbarung. Wenn wir nun einen Unterschied zwischen dem „Daß" und dem „Was" der Predigt machen, dann steht auf der einen Seite das Sakrament und auf der anderen Seite die Hl. Schrift. Sakrament ist der in der Existenz der Kirche sich vollziehende Hinweis auf das „Daß" der Offenbarung; während das Vorhandensein der Hl. Schrift der Hinweis ist auf die Qualität des Ereignisses, auf das „Was" der Offenbarung. Es ist aber müßig, Sakrament und Hl. Schrift einander gegenüberzustellen, das „Daß" und das „Was" läßt sich nicht trennen, es handelt sich schließlich hier nur um zwei Bestimmungen derselben Sache. Kirche ist da, wo Heilige Schrift ist als konkretes Zeugnis vom konkreten Ereignis der Offenbarung. Offenbarung als göttliches Handeln findet statt inmitten des menschlichen Lebens und der menschlichen Geschichte. Damit das Ereignis für uns da ist und wahr wird, darum bedarf es des Mittels der Heiligen Schrift als Zeugnis der Mittler der Offenbarung: der Propheten und Apostel. Kirche ist nicht unmittelbar zur Offenbarung. Die Kirche ist gegründet auf den Grund der Zeugen, die in einzigartiger Weise berufen waren. Im Alten Testament sind es die Propheten, im Neuen Testament die apostoloi, die berufen waren, die Apostel der Kirche zu sein. Indem in der Kirche das Zeugnis der Offenbarung niedergelegt ist, soll das Geschehen der Kirche zeigen, daß sie nicht für sich allein lebt, daß dieses Leben kein eigenes freies Leben ist, sondern daß die Kirche gegründet ist auf das schlechthin einzigartige Ereignis des Handelns Gottes, das stattgefunden hat in Israel und Christus. Israel und Christus sind die Brennpunkte der Offenbarung, ein Volk und der Erlöser. Dort das irrende, wartende, sündigende und doch von Gott nicht verlassene Volk und hier die Fülle der Gnade, der Heiland des Volkes, die Erfüllung des Gesetzes und damit das Evangelium. Weil Offenbarung keine allgemeine Beziehung zwischen Gott und der Welt ist, sondern weil sie nur e i n m a l geschehen ist, deshalb müssen wir die Konkretheit der Hl. Schrift anerkennen. Die Beschränkung auf die Schrift ist Symptom für die Einmaligkeit und Einzigartigkeit der Offenbarung.

Kirche ist nicht allgemein die Menschheit im Verhältnis zu Gott, sondern Kirche ist die um das eine Ereignis versammelte Menschheit. Kirche ist die auf d i e s e Schrift gegründete Kirche. Wenn dies das Verhältnis von Kirche und Schrift ist, wenn die Kirche durch das Zeugnis der Apostel, durch die Offenbarung konstituiert ist, was hat dann die Predigt zu tun? Sie hat einzig und allein die Bezeugung, durch die die Kirche konstituiert ist, zu wiederholen. Sie hat Zeugnis zu sein von jenem Zeugnis, von der Hl. Schrift als bezeugter Offenbarung. Damit stehen wir dann auch vor dem Charakter der Predigt als *Text*predigt. Die Predigt hat *biblische* Predigt zu sein. Wie die Predigt sich bezieht auf das Sakrament, so bezieht sie sich auch auf das Wort der Propheten und Apostel. Wir können keinen Grund angeben für die Auszeichnung der Bibel, oder warum wir diese Literatur wählen. Wir gehen davon aus, daß die Kirche der Ort ist, wo die Bibel aufgeschlagen ist. Hier hat Gott geredet, hier hat er uns einen Auftrag, einen Befehl gegeben, daraufhin wagen wir es zu tun, was zu tun ist. Die Kirche ist der Ort, wo wir gewählt sind von der Stimme der Offenbarung. Die Schriften sind uns vorgegeben, und Predigt hat zu erfolgen in der Achtsamkeit auf das Vorgegebene. Wir können uns von der Bibel ebensowenig emanzipieren wie von den Pflichten der Kinder gegenüber dem Vater.

In der Gegenwart der beiden Fakta, Sakrament und Schrift, hat die Predigt zu geschehen. Das Sakrament bezeugt das Geschehen des Ereignisses, die Schrift den Inhalt dieses Ereignisses. Dann ist zugleich auch die Kirchlichkeit der Predigt garantiert, wenn die Predigt sich bezieht auf Sakrament und Schrift, wenn ihre Pole, der sakramentale Charakter und die Schriftgemäßheit festliegen. Wie wir im Kreis Mittelpunkt und Peripherie haben, und wie da keines von beiden wichtiger ist, so gehört zu einem vollständigen Gottesdienst Predigt und Sakrament.

III. DIE BEKENNTNISMÄSSIGKEIT DER PREDIGT

Bei den vorhergehenden Betrachtungen haben wir Gewicht darauf gelegt, daß die Predigt auf einen Befehl hin geschehen muß. Predigen muß geschehen im Gehorsam gegen einen Auftrag. Damit bekommt die Predigt ihre *Bekenntnismäßigkeit*. Wenn die Kirche es unternimmt, das Wort Gottes zu verkündigen, dann tut sie das nicht, weil sie einen Plan hat, einen Zweck erfüllen will. Auch der beste Zweck kann nicht herangezogen werden zur Bezeichnung dessen, was die Kirche will. Das an das Faktum anschließende Tun ist nicht abzuleiten aus einem Prinzip, sondern ist immer wieder Auftrag und Befehl. Einen Plan auszuführen oder einen Zweck zu erfüllen, könnte z. B. in Betracht kommen, wenn es um die Erziehung der Menschheit ginge. Die Kirche greift in die Not ein und erzieht den Menschen zum wahren Menschen. Wenn man an das Voraufgegangene, an die eigentliche Bestimmung der Kirche und der Predigt denkt, geht das nicht. Die Kirche ist kein Vehikel, um die Welt aufrecht zu erhalten, um ihrem Fortschritt zu dienen; die Kirche ist kein Instrument für das Alte oder auch für das Neue. Kirche und Predigt sind nicht die Ambulanzen auf dem Schlachtfelde des Lebens. Die Predigt darf auch nicht versuchen, eine ideale Gemeinschaft herstellen zu wollen, sei es eine Seelen-, Herzens- oder Geistesgemeinschaft. Sicher sind diese Dinge alle sehr lobenswert und erstreblich, es muß das alles geben und getan werden. In der Predigt kann das alles mitlaufen. Diese Dinge spielen alle schon rein sprachlich in der Predigt wie auch im Leben der Menschen eine Rolle. Keiner von uns Menschen kann sich diesem allem entziehen. Pfarrer und Christen sind Menschen und leben in der Welt, davon soll nicht abgesehen werden. Aber in demselben Augenblick, wo die Predigt sich diese Dinge zum Ziel macht, ist sie überflüssig. Das wird doch besonders heute deutlich. Alle kulturellen Aufgaben sind längst von anderen Kräften in Angriff genommen. Käme es darauf an, könnte die Kirche abtreten und als Kirche erlöschen (ein Gedanke, der schon einmal von Richard Rothe vertreten worden ist, indem er von der künftigen Auflösung der Kirche im Staat sprach). Für das Leben, für die Seele und für die Familie wird durch Zeitungen, Radio, Politik genug geboten. Wenn es auf öffentliche Moral oder dergleichen ankommt, dann können das die Weltkinder besser. Dann ist die Kirche nur das fünfte Rad am Wagen. – In der Kirche muß man sich auf den Befehl, auf den Auftrag besinnen; in der Kirche müssen wir es mit Menschen zu tun haben, die einer von außen auferlegten Notwendigkeit gehorchen, die vorliegt wie die Tatsache unserer Geburt und unseres Todes. Die Kirche kann sonst nichts tun, als ganz schlicht das anerkennen: es ist ein Befehl da, und der muß getan werden. Dann hätte sie wieder Existenzrecht, wenn sie ihre Existenz, nämlich die Existenz auf Grund eines Rufes, wieder verstehen würde. Dann wäre sie wieder ekklesia. Die Predigt als die Funktion des Gottesdienstes müßte eine Kundgebung ihres Gehorsams gegen die von Christus durch die Offenbarung gegebene Aufgabe sein, als ananke, von der Paulus spricht: Wehe mir, wenn ich das Evangelium nicht verkündige! Einen Plan hat er nicht, aber eine Aufgabe.

Aus diesem allem ergeben sich für die Predigt folgende praktische Gesichtspunkte, die zu beachten sind, wenn die Predigt eine rechte Predigt sein soll:

Wenn dem so ist, daß die Predigt Gehorsam, Ruf, Aufgabe ist, dann folgt daraus, daß die Predigt Bekenntnischarakter haben muß. Was aber heißt Bekenntnis? Bekenntnis des Glaubens kann nicht heißen, daß ausgesprochen wird, was in uns lebt, auch nicht, daß wir gemeinsam etwas ausdenken, sondern professio fidei: das ist das Aussprechen dessen, was wir glauben, was wir, die wir sagen: credimus, bekennen und glauben müssen, weil wir die Offenbarung gehört haben. Bekenntnis ist Verantwortung, Antwortgeben auf das, was gesagt ist. Die Predigt kann nicht anders geschehen als nach der Norm der in der Kirche geltenden Bekenntnisse. Jede Predigt kann nichts anderes sein als ein Akt der Verantwortung gegen den Ruf, eng angeschlossen an das Symbol. Was hier geschieht, geschieht nicht nach Plan, nicht aus einer Idee, sondern hier wird gehorcht, d. h. wir haben das Wort Gottes gehört und antworten mit dem Bekenntnis, mit dem Symbol: credo, ich glaube an den Vater, den Sohn und den Heiligen Geist. – Die Betonung des Bekenntnisses soll aber nun nicht heißen, daß es darum geht, die Bekenntnisse (Symbole, Augustana usw.) durchzupredigen, sondern damit soll nur gesagt sein, daß der Prediger das ihm bekannte Bekenntnis seiner Kirche als Ziel und Begrenzung seiner Worte zu beachten und sich an den Ort zu stellen hat, wo die Kirche steht.

Eine zweite praktische Folgerung ergibt sich aus der Frage nach der Erbaulichkeit der Predigt. Was soll erbaut werden? Offenbar doch die Kirche selber. „Erbauen" ist hier aber nicht zu verstehen wie im Hirten des Hermas, wo „erbauen" gleich „weiterbauen", „aufbauen", „einordnen" ist, sondern so, daß die Kirche jedesmal von neuem erbaut wird. Sie muß sich konstituieren, Menschen müssen den Befehl vernehmen und gehorsam werden. „Durch Gehorsam zum Gehorsam", das ist das Ziel und zugleich die Erbauung der Kirche. In der Kirche wird die Gemeinde erbaut als Gemeinschaft, als Gemeinde, die unter der Offenbarung steht, die Wort Gottes hört. Nur innerhalb dieses Rahmens darf auch das zweite hinzukommen: Erbauung durch die Gnade Gottes zum Leben. Dann, wenn das beachtet ist, dann haben Erziehung, Helfen usw. ihre Plätze, die Grenze ist dann nicht eng gezogen. Im Schatten mögen auch Hüttlein erbaut werden. Der Pfarrer darf dann von alledem auch reden, er darf wirken, schaffen, Kultur treiben – das aber alles nur als die Nullen, die an die „1" zu hängen sind. Bekenntnismäßigkeit ist die „1", davon darf nichts abgenommen, aber auch nichts vorweggenommen werden. Zuerst gilt es: „Trachtet am ersten nach dem Reich Gottes" und „Eins ist not".

IV. AMTSMÄSSIGKEIT

Das Ereignis der Predigt besteht darin, daß innerhalb der Kirche, die als solche den Auftrag zur Verkündigung hat, ein einzelner aus der Reihe der übrigen heraustritt, um vor der Gemeinde Zeugnis von der in Christo geschehenen Versöhnung und Erlösung des Menschen mit Gott abzulegen. Es ist die Frage nach der Rechtmäßigkeit dieses Hervortretens eines Einzelnen, die mit der Frage nach der *Amtsmäßigkeit* der Predigt gestellt wird. Wenn wir vom Apostolat absehen, so muß festgestellt werden, daß das Problem des Amtes im N. T. unbetont bleibt. Zwar werden gelegentlich die episkopoi und presbyteroi erwähnt als solche, die von den Aposteln berufen und von der Gemeinde anerkannt sind, aber daraus können wir keine Lehre vom Amt entnehmen.

Bei der Frage nach dem Amt darf nicht abgesehen werden von der Einsetzung der Kirche und der Apostel, so daß also die Existenz des Amtes mit der Existenz der Kirche verknüpft bleibt. Nach Mat. 16, 18–19 (vergl. Mat. 18, 15–20) ist die Kirche sofort in einer bestimmten Ordnung eingesetzt: Petrus als Repräsentant der Apostel und die Gemeinde im Unterschied zum Apostolat. Die una sancta ecclesia ist als die una zugleich ecclesia docens und ecclesia audiens. Wo Kirche ist, da ist auch Entsprechung – keine Wiederholung dieser Ordnung (denn die Einsetzung der Apostel ist ein einmaliges Ereignis), da müssen in der Nachfolge der Apostel Menschen wieder dasselbe tun, was die Apostel erstmalig getan haben. Sofern die Kirche Leib Christi ist, ist der Prediger als successor apostolorum vicarius Christi. Predigt als praedicatio verbi divini geschieht mit derselben Notwendigkeit, mit der Kirche ist, denn „Gottes Wort kann nicht ohne Gottes Volk sein und Gottes Volk nicht ohne Gottes Wort" (Luther). In der Nachfolge der Apostel als Amtsträger zweiter Ordnung vollzieht der Prediger in seinem Bereich, d. h. in einer bestimmten Gemeinde, was die Apostel für die ganze Kirche getan haben.

Gegenüber dieser von Gott geschehenen Einsetzung des Predigers als vicarius Christi ist die Frage nach dem Träger des Amtes eine sekundäre, die nur gestellt und beantwortet werden kann angesichts der Frage, die an die Kirche für alle Zeiten gestellt ist, ob sie Kirche Jesu Christi ist, so daß in ihr das Verhältnis von Reden und Hören als ein Reden Gottes selber durch den Mund des Amtsträgers und als ein Hören seines Wortes im Heiligen Geist stattfindet. (Hoc Evangelium ubicumque sincere praedicatur, ibi est regnum Christi. Ubicumque verbum est, ibi est Spiritus Sanctus sive in auditore sive in doctore. W. A. 25 S. 97). Alle Merkmale, die wir für die Echtheit des Vorhandenseins des Amtes in concreto angeben können, sind als relative gekennzeichnet, weil sie ja nur menschliche Kriterien sein können.

Vier solcher *Kriterien* kommen in Betracht, von denen menschlicherseits die Rechtmäßigkeit abhängig gemacht zu werden pflegt:

1. Der Amtsträger soll sich zu seinem Amt innerlich berufen fühlen. Er muß um die Notwendigkeit gerade dieses Berufes wissen und von Herzen dabei sein können. Doch gerade das menschliche „Ich kann nicht anders" ist ja von allen möglichen

Zweifeln umgeben, ob nicht die vermeintliche innere Notwendigkeit im Grunde doch mein eigener Wunsch ist. Und auch die innere Berufung, um die wir zu wissen meinen, bekommt doch nur dann Gewicht, wenn sie getragen ist von der Berufung Gottes, die unserem Wissen und Fühlen entzogen ist.

2. Die sogenannten Bischofs- und Diakonenspiegel in den Pastoralbriefen (1. Tim. 3, 1–7; 3, 8–13; 2. Tim. 4, 1–5; Tit. 1, 5–9) enthalten in den Formen hellenistischer Tugendkataloge Forderungen, die das Verhalten des Amtsträgers bestimmen sollen. Er soll als „unbescholtener Mann" durch einen der herrschenden Sitte und Moral zuwiderlaufenden Lebenswandel sein Amt nicht belasten. Durch eine vom Normalen abweichende allzu heftige Teilnahme an den menschlich-allzumenschlichen Dingen dieser Welt soll er nicht in unnötiger Weise die Aufmerksamkeit auf sich lenken, damit nicht dadurch von der Güte des Evangeliums die Aufmerksamkeit abgelenkt wird. Diese ethischen Anweisungen der Pastoralbriefe sollen darauf hinweisen, daß der Träger eines solchen Amtes ein solcher sein soll, der sein Leben im Angesicht Gottes führt. Sofern aber in diesen Geboten das Gesetz Gottes den Menschen in Anspruch nimmt, muß sich dieser als auf der ganzen Linie ungehorsam bekennen, der nur als in Christo Gerechtfertigter im Glauben gehorsam ist, und nur als solcher lebt er sein Leben vor Gott. Ob er aber ein Gerechtfertigter ist, läßt sich nicht eindeutig bestimmen.

3. Weiter wird in den Pastoralbriefen vom Amtsträger gefordert, daß er didaktikos (1. Tim. 3, 2; 2. Tim. 2, 24) sei. Gemäß der Gewohnheit der Kirche verstehen wir darunter die wissenschaftliche Ausbildung des Theologen. Dieser soll sich in seinem Amt nicht auf den Hl. Geist verlassen, sondern mit aller Bescheidenheit und mit allem Ernst soll er danach ringen, daß er das Wort recht ausrichte, doch so, daß er weiß, daß das recte docere nur durch den Hl. Geist Wirklichkeit werden kann. Darum kann die Kirche verantwortlicherweise nicht zulassen, daß ohne theologische Bildung einem Menschen das Recht der Wortverkündigung zuteil wird. Doch weil der rechte didaskalos vom Hl. Geist gelehrt sein muß, so ist auch die theologische Bildung nur conditio sine qua non.

4. Im Gegensatz zu den Aposteln steht der episkopos an

einem bestimmten Ort, an den er durch den Willen der Gemeinde gestellt ist. Der Kirche als der ecclesia ist das Amt anvertraut; darum gibt es das Amt nur aus der Gemeinde in der Gemeinde. Doch das Berufensein durch eine Gemeinde macht das Berufensein durch Gott nicht aus.

Alle diese vier Kriterien beziehen sich auf die für uns nicht greifbare Berufung Gottes selber. Gott gründet Kirche, Gott setzt Amt und Amtsträger ein, wo und wann es ihm gefällt. Der Amtsträger aber hat sich den vier Kriterien gegenüber immer wieder zu verantworten, hinter denen als letzte Frage die Frage nach dem Berufensein durch Gott steht, wodurch den menschlichen Kriterien ihr Gewicht gegeben wird, sie aber zugleich auch wieder relativiert werden. Auf die letzte Frage können wir uns keine Antwort geben. Wir können sie immer nur hören, um mit unserer Existenz als Amtsträger uns ihr gegenüber zu verantworten, so daß mit unserem Handeln sichtbar wird, daß es Offenbarung und Kirche gibt, der Gott den Auftrag zur Verkündigung gegeben hat. Geschieht das, so steht der Mensch als Amtsträger in der Ordnung, daß er mit diesem seinem Tun nicht seine individuellen Interessen, seine Neigungen und Überzeugungen, seinen Willen durchzusetzen hat, nicht den Ideen und Bewegungen seiner Zeit zu dienen hat, sondern, obwohl er das auch immer tun wird, hat er dafür einzustehen, daß an seinem Tun sichtbar wird: Gott hat gesprochen, und Gott wird sprechen. Und wo diese Überordnung des göttlichen Wollens und Tuns über allem menschlichen Wollen und Tun stattfindet, da steht der Amtsträger gehorsam im Dienste Gottes, da findet legitime christliche Predigt statt.

Amtsmäßigkeit der Predigt bedeutet die Zuversicht des Hörers, indem er diesen so und so beschaffenen Menschen hört, etwas von der Sache zu hören, in deren Dienst dieser Mensch steht. Die Fragwürdigkeit gerade eines solchen Tuns, ja seine Unmöglichkeit, wird keineswegs aufgehoben, aber es hat nun einmal Gott gefallen, in diesem menschlichen Tun und trotz dieses menschlichen Tuns selber auf dem Plan zu sein. Amtsmäßigkeit der Predigt bedeutet für den Prediger, daß er um die Unmöglichkeit seines Tuns weiß; aber er darf von der Ungesichertheit seines Tuns hinwegsehen und darauf blicken, daß es Offenbarung gibt. Und daraus ergibt sich für ihn die Zuversicht, daß dieser geoffenbarte und in seinem Tun auf den Plan tretende Gotteswille seine Schwachheit und Verkehrtheit zudecken wird und ihm eine Gerechtigkeit zusprechen wird, die er seinem Tun niemals geben kann. Im Wissen um die Vergebung der Sünden darf er im schlichten Gehorsam sein Werk tun – dann nicht mehr als ein Wagnis, sondern im Glauben, daß Gott es befohlen hat.

Es muß betont werden, daß diese Amtsmäßigkeit der Predigt nicht eindeutig psychologisch beschrieben werden kann, weder im Hinblick auf den Hörer noch auf den Prediger. Schlichtheit und Sachlichkeit können das Kennzeichen einer solchen Predigt sein, sie brauchen es aber keineswegs zu sein. Auch die Frage des Erfolgs im Sinne einer in der Gemeinde eintretenden Bewegung und Erweckung kann kein Kriterium des Amtes sein. Nur das rechte Hören des Wortes Gottes ist die einzige Wirkung der Predigt, und wo dies geschieht, können wir nicht wissen, denn es sind Wirkungen des Wortes G o t t e s, die wir nur glauben können.

Kirche als die auf Grund des Apostelwortes eingesetzte Kirche finden wir nie als etwas schon Gegebenes vor, sondern sie muß immer wieder durch ein solches Apostelwort neu eingesetzt werden. Nur im Ereignis des Redens und Hörens dieses Apostelwortes als des Wortes Gottes ist je und je Kirche, und so ist Kirche als Institut immer nur Einladung, Warten auf die Kirche. In der Kirche sind wir immer auf dem Wege zum Ereignis der Kirche hin. Und so ist auch das Amt als das Heraustreten eines Einzelnen ein Akt, der immer wieder Wirklichkeit werden muß durch die Berufung Gottes. Die Ordination ist ein kirchenrechtlicher Akt, aber sein Sinn ist Verweis auf die göttliche Berufung, sofern der Ordinierte in der Ordination das Wort Gottes zu hören bekommt, das er aber immer wieder hören muß.

Die engere Vokation der Theologen ist keine theologische Frage, sondern eine Frage der kirchlichen Sitte. Hinter dieser engeren Berufung kann ja durchaus die volle göttliche Berufung stehen.

Für die Verwaltung und Ordnung der Kirche gibt es nur die vier angeführten Kriterien. Es bedeutet eine von der Kirche mit Recht nicht erlaubte Anmaßung, wenn jemand sich außerhalb dieser Kriterien ein Amt zuspricht. Doch gibt es neben der vocatio ordinaria auch immer eine vocatio extraordinaria. Gott ist nicht gebunden an die Ordination der Kirche, sondern kann auch außerhalb der rechtlichen Ordination einen Menschen zur Verkündigung seines Wortes berufen. Doch ist die Verkündigung eines solchen auf Grund einer vocatio extraordinaria amtierenden Amtsträgers auf ihre Schriftgemäßheit hin von der Kirche zu untersuchen und zu beurteilen.

V. DIE VORLÄUFIGKEIT DER PREDIGT

In der Überlegung der eine Predigt wesentlich konstituierenden Momente gelangt man in Anknüpfung an die Wendung der früher gelieferten Definition, die Predigt sei „der der Kirche befohlene V e r s u c h", über die somit angedeutete Fragestellung — indem über den Begriff des V e r s u c h e s hinausgegangen wird — zur Besprechung unter dem Thema der Vorläufigkeit der Predigt.

Doch erschöpft sich „Vorläufigkeit" hier nicht allein im Gehalt des üblichen Wortsinnes. Zwar ist auch hier darunter das „Noch-Nicht-Endgültige" zu verstehen, aber auch ein positiver Sinn wird gesehen werden müssen, der entscheidend mit zur Sprache kommen soll: „Vorläufigkeit" heißt in d i e s e m Sinne „Vorausgeschicktheit" — vor etwas anderem, das danach kommt und auf dessen Kommen die Predigt nur hinweist wie der keryx, der dem König „vorausläuft".

Wir betreten hiermit die eigentliche Stelle des Überganges vom Problem der Rechtfertigung der Predigt zur Frage nach ihrer *Heiligung*. Die Predigt geschieht zwar im Rahmen einer m e n s c h l i c h e n Aktion, aber doch einer von G o t t befohlenen und gesegneten, d. h. aber mit einer Verheißung beschenkten Aktion. Hier ist der Ort der Wende zur Moral, zum Gesetz der Predigt — darum die ausdrückliche Beziehung auf die dogmatischen Begriffe der Rechtfertigung und Heiligung. Jedoch das Verständnis der Predigt als einer menschlichen Aktion muß für uns zugleich bedeuten das Verständnis des Menschen als eines, der Gottes nicht fähig und würdig ist. Aber doch hat diese Aktion ihren Grund und Sinn. Freilich um keinen Preis in sich selber, so gerade hat die Predigt keinen Sinn! Daß aber dieses Tun doch einen Sinn hat, liegt jenseits vom Prediger in jener objektiven Substanz begründet, die in den Punkten I–IV der Überlegung umschrieben ist: den Begriffen „Offenbarung", „Kirche", „Auftrag", „Amt". D. h., daß der Prediger als solcher gewiesen ist auf die Rechtfertigung seines Handelns in Christus, dem Subjekt der Offenbarung, dem Herrn der Kirche, dem Ursprung des Befehls und der Berufung. Er ist also gewiesen auf die Notwendigkeit seines Glaubens an die Rechtfertigung, eines Glaubens, der diese ergreift, der in dieser strengen Relation steht zu Gottes Tat, der rechtfertigt, was diese Rechtfertigung nicht hat, Glaube also im Sinne des „Fürchte dich nicht, glaube nur!". Da aber die Rechtfertigung in Christus den Menschen in seiner ganzen Existenz trifft, bedeutet sie (im Sinne von „existere") Rechtfertigung des Menschen in der Situation des „Heraustretens" in sein Tun, nicht aber eine Verwandlung, Begabung des Menschen, sie ist nicht Infusion einer neuen Natur von einem dem Menschen bereichernden höheren Wesen her. Rechtfertigung ist ganz und gar das Licht vom Angesichte Gottes auf den unverwandelten, durchaus sich gleichbleibenden Menschen. Was da vom „neuen Leben" geredet werden könnte, wird ganz im Blick auf dieses Licht geredet werden müssen. Erst die Erlösung bringt die Aufhebung des Gegensatzes von alt und neu, die Erfüllung dessen, was wir in der Verheißung jetzt hier haben und sind. Auch die im Glauben geschehende Predigt, im Glauben auch an die Zuwendung Gottes, behält an sich selber betrachtet den Charakter einer menschlichen Aktion, die letztlich unter das Urteil dessen fällt, vor dem kein Mensch gerecht ist. Predigt ist ein mit menschlichen Mitteln unternommener Versuch, d. h. ein unter allen Umständen mit unzureichenden Mitteln unternommener! Auf nichts kann sich hier der Mensch verlassen. Von Gott aus aber, der die Toten lebendig macht, der das Nichtseiende ruft, daß es sei, ist dieser Versuch, dieses Tun angenommen als (allgemein) gutes Werk, sofern es unter Gottes Befehl, Verheißung und Segen geschieht. So allein als die gerechtfertigte, im Blick auf Offenbarung, Kirche, Auftrag und Amt geschehende, ist Predigt gutes Werk. Das letzte Wort (das w i r nicht sprechen können) heißt: Jesus Christus.

Es kann sich bei der Frage nach dem Gesetz der Predigt nur darum handeln, daß wir dies ihr Gesetz abzulesen versuchen aus ihrem Evangelium. Die Frage: „Wie kann m e i n Tun gut und heilig sein?" kann nur gestellt werden auf dem Boden, wo es Glauben gibt, und kann als legitim verstanden werden, sofern sie die Kehrseite dessen meint, was Gott an uns tut. Ein begnadigter Sünder ist aufgerufen, Gottes Wort zu verkündigen! — Was folgt aus dieser so verstandenen Situation? Welches ist der Gehorsam, die hypakoe tes pisteos, die die konkrete menschliche Seite der Predigt ist? Nicht nach einer Tugend ist gefragt, sondern nach dem Gehorsam gegenüber der dem Menschen unverdient zugewendeten Güte Gottes. Wenn wir von da aus die Predigt betrachten wollen, werden wir die andere Seite der Definition sichtbar machen müssen: Die Predigt ist als menschliche Aktion von ihrem Grund und Sinn in Anspruch genommen. Heiligung aber heißt: Inanspruchgenommensein des Menschen. Das Neue, das die Predigt zwar als menschliche Aktion, aber gerechtfertigte Aktion, zu einem Teil der nova vita macht, ist dieses Inanspruchgenommensein des Menschen. Inanspruchgenommensein von Offenbarung, Kirche, Auftrag und Amt heißt aber nicht, irgend etwas gehört zu haben, irgendwoher bewegt und erschüttert zu sein, sondern es geht um das Angesprochensein von diesem Grund und Sinn, von Gott her. Wer an dieser Stelle meint, ein „nur" einschalten zu müssen, weiß nicht, welch ein Inanspruchgenommensein hier gemeint ist, wessen Gefangener der Mensch ist. Ein Mensch wird Hörer des Wortes Gottes! Das ist unsere Heiligung. Der Mensch, Prediger und Predigthörer sind nicht sich selber überlassen, zwar sind sie das, was sie nach wie vor sind, aber dieser Mensch ist nicht in Ruhe gelassen, er ist als das, was er ist, in eine v ö l l i g neue Situation versetzt. Alles, was man hier sagen könnte über die neuschaffende Macht des Wortes Gottes, ist zu schwach gesagt angesichts der Ruhe und Unruhe, die darin liegt, daß ein Mensch im Glauben die Berufung Jesu Christi ergreifen darf: es ist die Zuwendung Gottes zum Menschen, wie sollte da nicht alles neu sein! Da aber fällt der Blick auf unser Tun: Was bedeutet dies Neue, die nova vita konkret? Unser Tun ist gefordert – auf jeden Fall: kein mehr sich selbst überlassenes Tun, sondern ein beschlagnahmtes Tun, das Tun eines Sklaven, der einen Herrn hat. Sein Versuchscharakter ist nicht zu verstehen als Wagnis, als das immer neue Springen in den Abgrund; es ist das Tun der hörenden Menschen, ist Gehorsam. Wie muß nun dieses Tun beschaffen sein? Es ist ja mein Werk, und welche Haltung muß ich einnehmen, damit es den Versuchscharakter erhält? Indem die Predigt in dieser Vorläufigkeit geschieht, wird die Vorläufigkeit als solche zum Problem, zur Stätte des Kampfes und der Arbeit. In den folgenden vier Punkten der Überlegung wird diese Arbeit zu leisten und die Antwort auf jene Frage zu geben sein – die Frage nach der Moral der Predigt.

Hier sind wir in der Schlüsselstellung des ganzen Problemes der Predigt: im Verstehen ihrer Vorläufigkeit. Das Verstehen ihrer Rechtfertigung und Heiligung hätte, wenn die ganze Erörterung ihren Ausgang von dort genommen hätte, uns auf einen Weg gesetzt, auf dem alles leicht und selbstverständlich hätte laufen müssen. Daß es nicht so gekommen ist, kann uns Hinweis sein auf die Situation der Kirche als einer Magd Christi auf Erden. Hier wird zuletzt hingewiesen auf eine Stelle der Heiligen Schrift, die, oft als spätjüdisch und hellenistisch beiseite geschoben, gleichwohl doch zu den zentralsten Stücken der Bibel gehört und gerade die Situation des Predigers eigentümlich trifft: den 119. Psalm. In 176 Versen wird dort das eine gedreht und gewendet: ein Mensch ist von Gott angeredet, gerecht gemacht und fröhlich darüber, daß es eine Ordnung, ein Gesetz, daß es einen Weg gibt.

VI. DIE BIBLIZITÄT DER PREDIGT

Der fünfte Punkt der Überlegung war ein allgemeiner. „Was sollen wir tun?" ist die Frage, unter der jetzt alles stehen muß, unter der jetzt die Biblizität der Predigt zur Besprechung gelangt.

Anders gesagt heißt das: die Predigt ist *Schriftauslegung*. Was soll in der Predigt, die menschliche Rede ist, geschehen, was in ihr dargeboten werden? Wenn es so ist, daß der Predigt Grund und Sinn – die Rechtfertigung – zu suchen ist in Offenbarung, Kirche, Auftrag und Amt, dann kann nicht in Betracht kommen, daß der Prediger die eigene Systematik, d. h. das, was er selber über sein und der Mitmenschen Leben, die Gesellschaft und den Weltzustand zu wissen meint, zur Sprache bringt. Wenn der Prediger von der Rechtfertigung lebt, „seines Glaubens lebt", ist die Darbietung einer solchen Systematik, des Wissens darum, wie die Dinge sind und wie sie sein sollten, der Ideologien, von denen der Mensch zu leben meint, keine Möglichkeit mehr. Der Mensch lebt nicht von der immanenten Güte dieser Dinge. Wenn wir fragen, wodurch wir gerechtfertigt sind, sind wir wieder auf die ersten vier Punkte unserer Überlegung gewiesen – wir stehen vor der Hl. Schrift. Sie bezeugt die Offenbarung, gründet die Kirche, sie erteilt den Befehl, und durch sie erfolgt die vocatio. Das Tun des Menschen, der von der Rechtfertigung lebt, kann darum wohl nichts anderes sein als ein Verstehen und Erklären und insofern Wiederholenwollen des Schriftwortes. Zwar wird der Prediger zeit seines Lebens das Belastetsein durch seine eigene Systematik erfahren müssen, aber es ist zweierlei, ob diese ständige Bedrohung eingestanden wird oder nicht, ob er den Anspruch hört, daß er, mit dieser seiner Sache im Kopf, hingestellt ist, dieses Buch auszulegen, das und nichts anderes.

Um hier nun ja nicht im Allgemeinen zu bleiben, soll in fünf Punkten versucht werden, konkrete Verhaltungsweisen und Eigenschaften des Predigers zu umschreiben, die dem so verstandenen Sinn der Forderung entsprechen, daß Predigt Schriftauslegung, nicht Systematik sein soll.

1. Es geht um das schlechthinnige *Vertrauen* zur Hl. Schrift. Wenn der Prediger sich an sie hält, die Predigt zu einer Textauslegung gestaltet, so genügt das. Solange es geschieht, daß der Prediger meint, zum praktischen Leben brauche es noch mehr, die Bibel erschöpfe das nicht, was er zu leben nötig habe, hat er dieses Vertrauen, die pistis nicht, lebt er nicht wirklich aus dem Glauben.

2. Ein Ausleger der Schrift zu sein, heißt ein Mensch sein, der

Respekt hat, im Sinne von respicere – betrachten. Sein ganzes Reden muß aus diesem respicere kommen. Seine Haltung ist die eines Menschen, der gar nicht mit sich selbst beschäftigt ist, sondern mit etwas anderem, der in dieser Situation des respicere so gefangen ist, daß er für das andere keine Zeit mehr hat. Seine Predigt gleicht dem unwillkürlichen Die-Lippen-Bewegen eines Menschen, der etwas mit größter Mühe, Aufmerksamkeit und Überraschung liest, mehr buchstabierend als lesend im gewöhnlichen Sinne, ganz Auge, ganz in Anspruch genommen, im Bewußtsein: nicht i c h habe den Text geschrieben.

3. Der Prediger muß *aufmerken* auf seinen Text, er muß zur Kenntnis nehmen, was jeweils dasteht. Von Anfang bis Ende der Schrift ist dasselbe gesagt, aber das Eine sagt sie immer wieder anders. Die Bibel ist als geschichtliches Dokument, von einem geschichtlichen Ereignis redend, mitten in der Bewegtheit menschlichen Lebens entstanden. – Statt Aufmerksamkeit könnte man Fleiß sagen, d. h. Bemühung darum, was gerade in diesem Text gesagt ist, in diesem wie in keinem anderen. Deshalb ist exegetisch-wissenschaftliche Arbeit gefordert, genaues philologisch-historisches Studium. – Die Mannigfaltigkeit der Schrift hat auch die andere Seite, daß jede Stelle zu jeder Zeit, zu jedem Menschen in einer je notwendigen Weise sprechen wird. Deshalb ist nicht nur philologische Aufmerksamkeit gefordert, sondern eine solche, die das Wort Gottes für sich und die Gemeinde im Text zu lesen sucht. Eine Predigt ist nicht gut, wenn man ihr anmerkt, daß diese Aufmerksamkeit dem Prediger gefehlt hat. Darum ist ein immer neues Respekthaben, ein immer neues respicere auf diesen und diesen Text gefordert. Es geht hier ganz einfach gegen das natürliche Laster der Faulheit, das gerade bei den fleißigen, immer beschäftigten Pfarrern zu Hause sein kann. Am Sonntag auf der Kanzel wird es sich zeigen, denn aller Fleiß und alle Aktivität können die Trägheit an diesem entscheidenden Punkt nicht wieder gutmachen. Von der Kirchenbehörde her sollte dem Pfarrer mehr Raum für seine Predigt gegeben werden, denn die Vorbereitung zur Predigt ist eine Arbeit, die Zeit braucht. Und dann sollte die Kirchenbehörde auch darüber wachen, daß nur solche in fleißiger Arbeit entstandenen Predigten auf den Kanzeln gehalten werden.

4. Die Pflicht der *Bescheidenheit,* wie sie sich aus der Biblizität ergibt: Dem Menschen wird in der Schrift Bescheid gesagt, und deshalb soll er sich bescheiden und sich nur ja nicht vordrängen mit seinen mehr oder weniger guten Eigenschaften. Wenn die oben besprochene Aufmerksamkeit da ist, bekommt der Prediger durch die Schrift fortwährend Bescheid, ihm wird widersprochen, er wird in seine Schranken gewiesen, es findet eine Begegnung statt zwischen den Propheten und Aposteln und dem Pfarrer, und dieser muß dann mit seinen Ansichten und seiner Geistigkeit zurücktreten. Wenn wir noch so lebendige Menschen wären, wir neigen doch alle dazu, auf einem einmal betretenen Geleise einfach weiterzulaufen. Auch nach dem bewegtesten Studium weiß man noch nicht, was man zu sagen hat, man kann dadurch nur auf die Situation vorbereitet sein, in der das Wort Gottes gesagt werden soll. Und in dieser Situation ist man ein bescheidener Mensch, der es noch nicht ergriffen hat. Man kann da wohl von einem eisernen Bestand sprechen; die Mächtigkeit der Sprache und der Gedanken wäre z. B. zu nennen. Aber das ist noch nicht das Evangelium, denn das steht nicht in unseren Gedanken und in unseren Herzen, sondern in der Schrift. Die teuersten Gewohnheiten, die besten Ansichten, alles muß ich preisgeben vor dem Hören; ich darf mich durch sie nicht sichern vor dem Einbruch einer Erkenntnis von der Schrift her. Immer wieder muß ich mir widersprechen lassen, mich auflockern lassen und immer wieder alles hergeben können – gerade von der Forderung dieser Bescheidenheit aus muß man mit Vorsicht an Luthers Predigten herangehen. Diese Bescheidenheit war nicht immer seine Stärke. Von seiner großen Erkenntnis aus hat Luther geglaubt immer wieder das Eine sagen zu müssen, was ihn bewegte. Ganze Begriffskomplexe in der Bibel, z. B. die von Gesetz und Lohn, hat Luther übersehen, weil er zu gut wußte, was Rechtfertigung aus dem Glauben ist. Sich durch den Text den Kopf zurechtsetzen zu lassen, sich nicht als solcher zu gebärden, der ohnehin schon recht hat, das ist mit der Bescheidenheit gefordert.

5. Die *Beweglichkeit* des Predigers: Der Prediger muß ein beweglicher Mensch sein. Die Bibel ist nicht in dem Sinn Gottes Wort, wie man vom BGB sagen kann, daß in ihm die

Meinung des Staates festgehalten ist. Eigentlich müßten wir sagen, die Bibel *wird* Gottes Wort; wo sie es *wird*, *ist* sie es. Es geht um Ereignisse. Darum, daß man es irgendwo gelesen hat, daß die Bibel Gottes Wort ist, kann es sich nicht handeln, sondern zu einer Lebensgeschichte mit der Bibel ist der Prediger berufen, zu einer Geschichte, in der sich fort und fort zwischen dem Prediger und dem Wort Gottes etwas ereignet. Beweglichkeit heißt dann: man muß sich in diese Bewegung hineinbegeben, sich ihr hingeben und sich von ihr führen lassen durch die ganze Schrift in ihren vielen Aussagen und Stufen. Die Tatsache des Kanons sagt uns doch einfach: diese Schriften hat die Kirche als den Ort verstanden, wo sie die Stimme Gottes zu hören erwartete. Nicht vom Festhalten an der Inspirationslehre hängt die gute Haltung des Predigers ab, sondern davon, ob er in der Erwartung steht, daß Gott hier zu ihm sprechen wird. Diese Erwartung ist aktiver Art, sie ist ein immer neues Hingeben, ein Sie-Aufsuchen, damit sie ihn wiederum aufsucht. (Daß Bibelkunde im Examen geprüft wird, kann ja nur den Sinn haben, festzustellen, ob der Kandidat sich mit der Schrift beschäftigt hat und in ihr zu Hause ist.) Hineinkommen in die Bewegung des Wortes, das ist die geforderte Beweglichkeit.

Diese fünf Punkte über die Biblizität der Predigt sind nicht gehört und nicht verstanden, wenn sie als theologische Ansichten aufgefaßt werden, die man für gut oder auch nicht gut halten kann. Biblizität ist keine Eigenschaft, die man sich „erwählen" kann, sondern sie kann nur als Zucht verstanden werden, unter die wir einfach gestellt sind. Dieser Zucht kann man sich nicht entziehen, ohne das Amt damit schon aufzugeben.

Nachdem diese fünf Punkte der Biblizität auseinandergesetzt worden sind, ist noch auf drei fatale Möglichkeiten hinzuweisen, die aber ausgeschlossen sind, wenn die angegebenen Forderungen gehört worden sind:

1. Der Prediger soll kein *Pfaffe* sein, keiner der geschwollen vom Bewußtsein seiner Sendung, seines Amtes, seiner Theologie, vielleicht noch „voll Heiligen Geistes" die Belange des lieben Gottes vor der Welt vertritt. Gegen dieses Übel ist als einziges Kraut die Biblizität gewachsen, die wirkliche Schriftauslegung. Mit Biblizität und Schriftauslegung wird man kein

Pfaffe und hätte man noch so viel Anlage dazu. Wo die Heilige Schrift herrscht, kann kein Pfaffentum wachsen, da kann der Prediger nicht sicher und selbstzufrieden sein.

2. Der Prediger soll kein Schwärmer sein, kein Idealist, der es gut meint, der große Gedanken im Kopf bewegt, aber an der Wirklichkeit vorbeisieht. Schriftgemäße Predigt ist nicht schwärmerisch, so gewiß die Heilige Schrift in die Wirklichkeit gesprochen ist. Da kann man sich auch schon mal ausgesondert und einsam vorkommen, aber Angst vor eigenen Träumen und Schwärmereien braucht man nicht zu haben.

3. Der Prediger soll nicht langweilig sein. Pfarrer und Langweiligkeit sind weithin synonyme Begriffe. Die Hörer meinen, es schon oft gehört zu haben, was von der Kanzel gesagt wird, sie wissen es selbst schon längst. Die Schuld dafür liegt sicher nicht nur bei den Hörern. Auch gegen die Langweiligkeit ist das einzige Mittel die Schriftgemäßheit. Ist die Predigt schriftgemäß, so ist sie nicht langweilig. Die Heilige Schrift ist faktisch so interessant, sie hat uns so viel Neues und Aufregendes zu sagen, daß die Hörer gar nicht daran denken können einzuschlafen.

Als *Nachwort* ist noch zu sagen:

Das Wort Gottes soll souverän, soll frei bleiben, damit es seinen Lauf nehmen kann. Wenn wir uns bereit finden, dem Worte Gottes so zu dienen, in dieser Einschätzung unserer selbst, dann wird Gottes Wort zur Verkündigung kommen, dann wird Gott sein Wort sprechen in der Gemeinde.

Auf die Frage nach der Behandlung eines A.T.-Textes ist als Antwort herauszustellen, daß das A. T. für uns nur in seinem Gegenüber zum N. T. in Frage kommt. Wenn die Kirche sich zur Rechtsnachfolgerin der Synagoge erklärt hat, so heißt das: das A. T. ist Zeugnis von Christus, vor Christus, aber nicht ohne Christus. A. T. und N. T. verhalten sich zueinander wie Weissagung und Erfüllung. Jeder Satz im A. T. muß in diesem Zusammenhang gesehen werden. Die historische Exegese soll und muß gemacht werden, aber zugleich ist zu fragen: wird diese historische Auslegung dem Zusammenhang gerecht, in dem A. T. und N. T. stehen? — Auch bei einer Predigt über Richter 6, 36 ff. wäre es möglich, den Wortsinn zu erfassen, und doch Pfeile auf Christus auszurichten. Als ganz und gar jüdisches Buch ist das A. T.

Hinweis auf Christus. – Für die Frage nach der Berechtigung der Allegorie ist auch gerade auf das Verhältnis von A. T. und N. T. hinzuweisen. Im A. T. handelt es sich wirklich um Wortsinn. Es muß in der Predigt herauskommen, was an dieser Stelle im A. T. gesagt ist, aber so, daß darin die Grundvoraussetzung, die die Kirche mit der Übernahme des A. T. gemacht hat, bejaht ist. Damit trägt man nicht einen 2. Sinn in die Stelle hinein – wie man ja historische und christliche Auslegung nicht einander gegenüberstellen darf – sondern versteht sie als in ihrer Immanenz über sich hinausweisend, als einen Wegweiser, der eine Richtung angibt. Das A. T. weist vorwärts, das N. T. von der Zukunft her rückwärts, und beide weisen auf Christus hin.

Die Frage, ob man in Luk. 7, 36 ff. z. B. den Pharisäer ausdeuten darf, ist zu bejahen. Predigt ist ja nicht Exegese, sondern Auslegung. Predigt folgt dem Text, aber in das eigene Herz und in die Gemeinde hinein. Beim Pharisäer kann schon näher beschrieben werden, wer hier gemeint sein könnte, wenn nur alles an der Schnur des Textes aufgereiht wird.

VII. DIE ORIGINALITÄT DER PREDIGT

In der Predigtdefinition heißt es: „... Menschen der Gegenwart als gerade sie angehend in freier Rede erklärt". Mit freier Rede ist die *Originalität* der Predigt gemeint. Hier ist noch einmal auf die Rechtfertigung und Heiligung der Predigt hinzuweisen. Die Heiligung kann nur darin bestehen, daß der Prediger, wie er ist, als menschlich-sündiges Geschöpf zur Textauslegung berufen ist. Schriftgemäßheit ist nicht eine Kappe, hinter der der Prediger nicht mehr zu sehen ist. Biblizität heißt nicht, daß ihm irgendwelche Gedanken eingegeben seien, die er sonst nicht haben könnte, etwa nach Analogie der gratia infusa. Ganz und gar als dieser Mensch ist er zu dieser Aufgabe berufen, als der konkrete Mensch mit seinen Eigenschaften, seiner Geschichte und seiner Situation. Als der Mensch, der er ist, ist er heraus- und herangeholt. Das ist mit Originalität gemeint. Der Pfarrer soll auch nicht eine Rolle übernehmen, er soll sich nicht in das Gewand biblischer Menschen kleiden. Das wäre die schlimmste Komödie. Er soll nicht Luther, nicht Kirchenmann, nicht Prophet oder Begeisterter oder etwas Ähnliches sein, sondern ganz schlicht er selbst und als er selbst den Text auslegen. Die Predigt ist das verantwortliche Wort eines Menschen von heute. Ich bin nach meinem Hören aufgerufen, das, was ich gehört habe, weiterzusagen. Auch gerade als Amtsträger gilt es, das zu sein, was man ist. Man hat keinen Charakter anzuziehen und keinen Ornat und hat keine Rolle zu spielen. Du Mensch bist beauftragt, Du, wie Du bist, nicht im Amt, nicht als Pfarrer oder Theologe, nicht in irgendwelcher Geborgenheit oder Deckung, sondern du selber hast einfach diesen Auftrag auszuführen.

An die grundsätzliche Besprechung der Forderung der Originalität der Predigt lassen sich folgende konkrete Hinweise anknüpfen:

1. In rechter Predigtvorbereitung hat das Wort der Schrift in der Weise zum Prediger gesprochen, daß er in erster Linie als *Hörer* vor die Gemeinde tritt:

a) als einer, der durch dieses Wort in das Gericht geführt worden ist, zur Buße, konkret *betroffen* ist,

b) als einer, der das Wort auch d a n k b a r als das Evangelium gehört hat, konkret *sich freuen* kann.

Erst durch diese Bewegung durch Gericht und Gnade wird die Predigt wahrhaft originell.

2. Dazu muß nun aber der *Mut* kommen, das, was für m i c h jetzt dasteht, a n d e r e n zu sagen. Exegese und Medidation müssen zur Rede an andere, zur Anrede, zu m e i n e r Rede werden. Jetzt bin i c h aufgerufen zum Z e u g e n, der wohl in der Biblizität verharrt, aber nicht in der Exegese stecken bleiben darf. Dabei ist aber nicht an ein Nacheinander von explicatio und applicatio gedacht. Die sogenannte Einleitung ist vielmehr d i e Klippe der Predigt. Diese soll schon vom ersten Satz an Anrede der Menschen mit zentraler Mitteilung aus dem Text sein.

3. Die Predigt muß *selbständig* sein. Der Prediger hat oft ein Vorbild vor sich. Er soll aber schlechterdings sich selber auf die Kanzel bringen, weil er selber ja gerufen ist. Die besten Sachen

sind, wenn übernommen, im Munde eines anderen nicht mehr, was sie waren. Darum spiele man keine Komödie mit einem irgendwoher entliehenen Prediger-Habitus.

4. *Ehrlichkeit* der Sprache ist gefordert. Sprich deine eigene Sprache! Tritt nicht im Königsmantel der Sprache Kanaans oder als kleiner Luther auf! Gerade wer exegetisch und kirchlich gebunden ist, kann sich nicht als Apostel oder Reformator gebärden. Auch einzelne sprachliche Elemente aus Bibel und Gesangbuch und volltönende Schlußakkorde sind nicht tunlich. Wenn bloß zitiert wird, um der Sache Schwung zu geben, ist Mißtrauen am Platze. Stehe darum auch zu deiner Armut!

5. *Schlichtheit* der Predigt ist nötig. Sie soll „recht und schlecht" sein. Wir sollen als die predigen, die wir jeweils sind: in einer Geschichte stehend – auf dem Weg, den die Bibel mit uns geht. Wir sollen darum in der Predigt ehrlich Auskunft geben und Bericht erstatten über unsere jeweilige Situation. Das verhindert jenes Auspacken aus einem System, jenes Hinwerfen von Blöcken christlicher Gedankenreihen, jenes Ausfahren alter Geleise! Die christliche Wahrheit wird ja immer wieder neu gewonnen in der Geschichte. Du sollst predigen als der, der heute, jetzt so und so dran ist.

W a r n u n g : „Originalität" ist ein gefährliches Wort. Es bedeutet nicht die „freie, selbständige, bekehrte, wiedergeborene Persönlichkeit". Es gilt ja für einen Menschen, der von der Vergebung der Sünden lebt. Es bedeutet aber auch nicht einfach „existentielle Haltung", denn in dem Spuk der Existentiellheit verbirgt sich nur der alte Satanas der Persönlichkeit in einer neuen Maske. Durch das Beachten der Forderung der Originalität der Predigt ist der Prediger gefeit vor dem Typus des *übermütigen, eitlen* und *lauen* Pfarrers.

Die Selbständigkeit der Predigt schließt die theologische Schülerschaft nicht aus. Ein theologischer Schüler aber ist einer, der bei seinem Lehrer gelernt hat, selber zu gehen, selbständig mit der Schrift umzugehen.

VIII. DIE GEMEINDEMÄSSIGKEIT DER PREDIGT

Wenn die Predigt wirklich gerechtfertigt ist, dann haben wir es darin zu tun mit der ekklesia. Als Prediger bin ich aufgerufen, diese Menschen da vor mir zu Gott zu rechnen. Das ist die grundlegende Voraussetzung der Predigt. Wenn es ja Gottes Wille ist, daß ich ihnen predigen soll, wie kann ich sie dann anders anreden, denn als solche, an denen Gott schon gehandelt hat? Für diese Menschen da vor mir ist Christus gestorben und auferstanden: das ist die Wahrheit über sie selber, die ich ihnen zu sagen habe. Aletheia soll geschehen, das Geheimnis Gottes über euch soll aufgedeckt werden: Es gibt Barmherzigkeit für euch! Das gilt jetzt neu wie am ersten Tage. Das ist Gemeindemäßigkeit. Sie kommt in folgenden Einzeltugenden konkret zum Ausdruck:

1. Der Prediger muß seine Gemeinde *liebhaben.* Er darf nicht ohne seine Gemeinde sein wollen, muß wissen: Ich gehöre mit diesen anderen zusammen und möchte mit ihnen teilen, was ich von Gott empfangen habe. Mit Menschen- und Engelzungen reden hilft gar nichts, wenn diese Liebe fehlt.

2. Zur Gemeindemäßigkeit gehört die *Aufgeschlossenheit* für die wirkliche Situation der Gemeinde und die Überlegenheit dieser Situation gegenüber, sie in die Predigt mit hineinzunehmen. Wenn ein Prediger mit seiner Gemeinde lebt, so erlebt er mit ihr eine Geschichte, so bewegt ihn ständig die Frage: „Wie sind wir dran?" Das bedeutet aber nicht, daß er sich vom Strom des Lebens mitreißen läßt, um so der Mund der Gemeinde zu sein. Er darf nicht der Volksweise und Dorfweise sein, der das Leben kennt und es auf die Bühne bringt und sagt, was die Leute auf dem Herzen haben. Die Predigt ist nicht einfach die verklärte Fortsetzung, der Oberton des Lebens, dieses muß vielmehr wirklich in sie aufgenommen werden. Die Gemeinde wartet darauf, daß das bewegte Leben von Gott aus beleuchtet werde, nicht darauf, daß auch der Prediger in eines jener Hörner, die da geblasen werden, stößt. Gewiß, er sei dabei und lasse sich von keinem an herzlicher Beteiligung übertreffen, aber erst der Abstand bei diesem Dabeisein macht die wahre Gemeindemäßigkeit aus.

3. Die Notwendigkeit des *Taktes.* Takt haben heißt wissen, was jeweils im einzelnen der Gemeinde zu sagen gewagt werden darf. Wir meinen gar manches Mal, es müsse etwas gesagt sein, sogar an Hand der Bibel — und es ist doch nur Übermut und mutwilliges Aufs-Spiel-Setzen des Vertrauensverhältnisses und unnötiges Ärgernis.

4. Hier hat auch das *Kairosbewußtsein* (Tillich) seine relative Wichtigkeit: Was erfordert die Situation, in der wir jetzt miteinander sind? Ich erlebe mit der Gemeinde eine Geschichte. Die Gemeinde sagt mir, was sie auf dem Herzen hat. Darauf soll meine Predigt die Antwort finden. Dieses Bewußtsein soll davor schützen, von Dingen weiterzureden, die längst nicht mehr wichtig sind.

Nach diesem allem ist es ausgeschlossen, unter Gemeindemäßigkeit „Dienst am Kunden" zu verstehen.

Der Pfarrer als Tyrann, der Pfarrer, der *es den Leuten recht macht,* und der Pfarrer als Einsiedler sind die Folgeerscheinungen, wenn die Forderung der Gemeindemäßigkeit außer acht gelassen wird.

Anmerkung: Auch die Bibelkritik auf der Kanzel untersteht der Forderung des Taktes. Sie ist nur im Zusammenhang des Dienstes und mit Respekt zu üben, nicht aber unter dem Zwang eines falschen Wahrhaftigkeitsideals.

IX. DIE GEISTLICHKEIT DER PREDIGT

(„Die Predigt ist Gottes eigenes Wort")

Es bedarf des persönlichen Gottes selber. Die geheiligte Predigt soll dem Selbstworte Gottes dienen. Auch wenn alles bisher Geforderte in Ordnung wäre, wären wir doch nur unnütze Knechte. Ob die Predigt Dienst am Wort ist, hängt davon ab, ob Gott sich ihrer bedienen will.

1. In bezug auf dieses Ereignis wird die Haltung der Predigt die der *tapeinophrosyne* sein müssen.

2. Aus der Erkenntnis unserer Menschlichkeit diesem Ereignis gegenüber kommt die notwendige *Nüchternheit.*

3. Man kann nicht predigen, ohne zu *beten*. Da die Predigt ja letztlich nur mit Gott beschäftigt sein kann, müssen ihre Worte im Duktus des Rufens zu ihm stehen, muß auch die Gemeinde ins Gebet hineingerufen werden. Hier aber ist die Grenze dessen, was Menschen sagen können, erreicht – an der Stelle, wo der Geist selbst uns vertreten muß mit unaussprechlichem Seufzen.

X. ZUSAMMENFASSUNG EINER THEOLOGISCHEN LEHRE VON DER PREDIGT

1. „Offenbarungsmäßigkeit: Die Predigt hat die Aufgabe, die geschehene und die kommende Offenbarung Gottes, d. h. die Epiphanie und die Parusie Jesu Christi zu verkündigen."

Die geschehene und kommende Offenbarung Gottes, in Beziehung gesetzt zu Jesus Christus, läßt unsere Gegenwart als zwischen den Zeiten befindliche erscheinen. Diese Doppelheit der Zeiten darf nicht in eine dritte aufgelöst werden, sondern gerade unsere Gegenwart steht zwischen dem Dagewesensein Jesu Christi im Fleisch und seinem Wiederkommen in Herrlichkeit; sie ist als Ereignis nicht zu umschreiben oder zu beschreiben, sondern gerade als solches stets Vater, Sohn und Heiliger Geist; sie ist keine bleibende Stadt, sondern der Ort derer, denen ihre Heimat, aus der sie kommen, und der Ort, da sie hinkommen sollen, gesagt ist. So hat denn auch die Predigt die Aufgabe, die Offenbarung in ihrem Weg vom Gestern zum Morgen zu bezeugen und so den Weg vom schon Gehörten zum immer wieder neu zu Hörenden zu gehen. Ist die Predigt auf diesen Grundton abgestimmt, dann ist sie offenbarungsgemäß, dann steht sie im rechten Verhältnis zu dem von ihr zu verkündenden Wort Gottes, indem sie von hier ihren Ausgangspunkt nimmt und wieder hineilt zum Worte Gottes als etwas ganz Neuem, ständig sich Erneuerndem, immer Lebendigem.

2. „Kirchlichkeit: Die Predigt hat sich sachlich allein

zu orientieren an der Taufe als dem Zeichen der Gnade, dem Abendmahl als dem Zeichen der Hoffnung und der Schrift als dem Dokument der die Kirche begründenden Wahrheit."

Der Ort der Predigt ist also kein beliebiger, sondern der durch Taufe, Abendmahl und Schrift, und das, was in diesem Raum von Gott her geschieht, umgrenzte Raum. Einzig und allein daran hat sich die Predigt zu orientieren, nur dann können wir von Kirchlichkeit einer Predigt reden.

3. „Bekenntnismäßigkeit: Die Predigt hat die Kirche zu erbauen durch die Wiederholung des ihr von ihrem Herrn gegebenen Auftrages."

Das Bekenntnis stellt die Antwort des Menschen (sozusagen Empfangsbestätigung) dar auf das, was er gehört hat. Wenn in der Kirche diese Verantwortung geschieht, daß sie gehört hat auf den Auftrag ihres Herrn und sich bekennt zur Vergegenwärtigung und Wiederholung dieses Auftrages, dann wird die Kirche immer wieder so erbaut, wie sie aus ihrem Grunde erbaut werden muß. Das schließt die Bindung an das kirchliche Bekenntnis in sich.

4. „Amtsmäßigkeit: Die Predigt geschieht in der besonderen Legitimation und Verantwortung göttlicher Berufung zum Dienst in der Kirche."

Predigen ist immer Sache der Berufung. Aber diese Berufung ist nie eine menschliche Tat. Hiermit ist gesagt, daß alle menschlichen Kriterien des göttlichen Berufenseins nur Hinweis sein können auf Gottes eigene Tat der Einsetzung des Amtes und ins Amt. Damit aber bleibt diese Einsetzung als Gottes eigene Tat sein Geheimnis und stellt somit die große Frage dar, vor der jeder Prediger steht. Göttliche Berufung muß uns legitimieren, und wir wissen, daß wir als Berufene einst zur Rechenschaft gezogen werden.

5. „Heiligkeit: Die Predigt soll sich selbst verstehen als Handlung eines sündigen Menschen, die im Befehl und Segen Gottes ihr Gesetz und ihre Verheißung hat."

Mit diesem mit „Vorläufigkeit" überschriebenen Punkt wird auf das Verhältnis von Gott und Menschen Bezug genommen, das in der Aktion der Predigt stattfindet. Predigt ist stets das Werk des Sünders, der von sich aus weder die Fähigkeit noch den guten Willen zu diesem Werk besitzt, wohl aber den Befehl Gottes dazu hat. Sie kann niemals Erfüllung sein, nur Vorläufer, aber angesichts des verheißenen göttlichen Segens darf der Prediger, auch wenn er sich seiner Ohnmächtigkeit und Unfähigkeit bewußt ist, auf Grund des Befehls, der an ihn ergangen ist, sich der Hoffnung getrösten, daß er nicht nur unter einem Gesetz, sondern gleichzeitig mit diesem unter einer Verheißung, unter dem Segen Gottes steht, daß sein Werk trotz aller Kümmerlichkeit doch nicht umsonst sein wird. Nur in dieser Heiligung kann und darf die Predigt geschehen.

6. „Biblizität: Die Predigt ist nach Form und Inhalt unter allen Umständen gebunden als Schriftauslegung."

Soll in der Kirche tatsächlich die Wahrheit geredet werden (siehe These 2), so muß alles Reden in ihr in der Bewegung und Erwägung des Dokumentes dieser Wahrheit geschehen. Die Predigt darf nicht aus eigenem Reden quellen, sondern muß nach Form und Inhalt Schriftauslegung sein.

7. „Originalität: Predigt kann nur in persönlicher Buße und Dankbarkeit geschehen und ist also ein freies Wort des Predigers."

Die Wiederholung des der ganzen Kirche gegebenen Auftrages ist dem einzelnen Prediger als eine ganz persönliche Aufgabe gestellt, der er sich unterziehen muß. Hat nun ein bestimmter Mensch die Aufgabe der Schriftauslegung übernommen, so muß er zuvor selbst die Schrift gehört haben und sie immer wieder hören, und zwar in allerpersönlichster Buße und Dankbarkeit vor Gott. Nur so kann er sich dann zu einem freien Wort über die Schrift hindurchringen, nur so kann er die riesengroße Aufgabe der Schriftauslegung erfüllen. Mit andern Worten: Die Hl. Schrift muß zunächst gewissermaßen durch ihn hindurch gegangen sein, dann erst ist er zu einem Nachreden mit seinen eigenen Worten und seinem eigenen Denken imstande.

8. „Gemeindemäßigkeit: Die Predigt richtet sich an die Menschen einer bestimmten Gegenwart, um gerade ihnen zu sagen, daß ihr Leben in Jesus Christus seinen Grund und seine Hoffnung hat."

Wurde in These 7 die konkrete Situation des Predigers behandelt, so hier nun die der Hörenden: Die Predigt erfolgt nicht in einem leeren Raum, vielmehr hat sie ein menschliches Gegenüber, auf das ihre Verkündigung abzielt, und zwar sind es ganz bestimmte Menschen in einer ganz bestimmten Gegenwart, in einem bestimmten Raum und in einer bestimmten Zeit. Aus solcher Konkretion des angeredeten Hörers hat die Predigt ganz persönlich zu sein: gerade das Leben dieses Menschen da hat Grund und Hoffnung in Jesus Christus. Gerade er soll das begreifen, ihm gilt die Verkündigung; freilich darf ebensowenig nur auf die Hörer gesehen und der in These 2 abgesteckte Raum außer acht gelassen werden.

9. „Geistlichkeit: Die Predigt muß geschehen in der Demut, in der Nüchternheit und als das Gebet dessen, der weiß, daß Gott selbst sich zu seinem Menschenwort bekennen muß, damit es Gottes Wort sei."

Hier ist die Stelle, wo die in verhältnismäßiger Abrundung aufzuzeigende Situation der Predigt sich nach oben öffnet und wir, vor dem Geheimnis des gnädigen Gotteswillens stehend, bekennen: es steht nicht in unserer Macht, daß Menschenwort Gotteswort werde. Die Predigt muß dann zum Gebet werden, zu einem Suchen und Anrufen Gottes, so daß letztlich alles auf die Erhörung dieses betenden Menschen ankommt. Diese Öffnung dürfen wir nicht mit dem triumphierenden Abschluß eines noch so hohen gotischen Spitzbogens versperren wollen, um uns selbst vor dem Hereinschauen des Himmels zu bergen, denn wahrhaft geborgen sind wir nur dann, wenn wir vor Gott – ungeborgen sind. Also keine siegesgewisse Zuversicht auf den Erfolg des eigenen Tuns, vielmehr ein williges Sichöffnen nach oben und ein Offenbleiben für Gott, so daß Gott jetzt selbst dem Menschen gegenübertritt und ihm alles und reichlich gibt. So soll sich die Haltung des Menschen von oben her bestimmen: nichts von mir, alles von Gott, keine selbständige Leistung, nur Abhängigkeit von Gottes Gnade und Willen.

C) Die eigentliche Vorbereitung der Predigt

I. VORBEMERKUNGEN

§ 1: Die Situation des (jungen) Predigers

Vergegenwärtigen wir uns jene Situation, in der sich der Prediger befindet, wenn er sich vor die Aufgabe gestellt sieht, eine Predigt zu „machen". Besser noch, wir denken an jenen Augenblick, wo der Theologiestudent nach Absolvierung der Studienzeit und glücklich bestandenem Examen das Berufsziel erreicht und als soeben ordinierter Geistlicher ein erstes Mal am komden Sonntag im Gemeindegottesdienst vor seiner eigenen Gemeinde die Predigt zu halten hat. Wie wird es ihm ergehen? Entweder wird ein ehrliches Gefühl der Freude durch seine Seele ziehen, weil ja nun der Augenblick gekommen ist, wo er von dem großen theologischen Vorrat der langen Studienjahre seiner versammelten Gemeinde mit vollen Händen austeilen kann. Er fühlt, daß er etwas zu sagen hat; eine ganze Reihe guter und bester Gedanken, die ihm in den letzten Tagen aufgetaucht sind, liegen sozusagen fertig in dem Schubkasten seines Gehirns und warten nur darauf, herausgenommen zu werden. Es bleibt also nur noch das Suchen nach der besten Form, sie an den Mann zu bringen. So etwa mag Stimmung und Lage des jungen Anfängers aussehen, dem in den ersten Jahren Predigtstoff in Hülle und Fülle zur Verfügung steht. Dann aber kommt die Zeit, wo der Überfluß nach und nach aufgebraucht ist. Es tritt eine Dürre und Leere ein, die den Prediger nur zu leicht mutlos und verzagt werden läßt. Mürrisch scharrt er das Wenige zusammen, was er noch zu sagen hat, und spürt, daß auch diese fruchtbaren Oasen über kurz oder lang verschwinden und einer trostlosen Wüste Platz machen werden.

Zu dieser zweiten, auf den ersten Blick wie eine Katastrophe anmutenden Situation ist zu bemerken, daß sie im Gegensatz zu jener ersten, äußerlich günstiger erscheinenden weit fruchtbarer und verheißungsvoller ist. Das mag zunächst paradox klingen, und doch ist es so, denn bei der Predigt handelt es sich nicht um ein Sagen und Verkündigen aus menschlichen Vorräten heraus. Eine gefahrvolle Störung kann sich bei einer solchen irrtümlichen Annahme ergeben: Es geht ja gar nicht um die Fülle, die ich besitze, um einen Gedankenreichtum, um meine mehr oder weniger geistreichen Einfälle. Gerade der arme Schlucker, der am Samstag beim Memorieren seiner ihm inhaltslos und langweilig dünkenden Predigt vor einem Nichts zu stehen meint, gerade er muß getröstet werden. Es ist gar kein Grund zur Aufregung, Mutlosigkeit und Verzweiflung. Denn das eine sei ihm zum Trost gesagt: Es ist ja alles vorgegeben, was gesagt werden soll. Darüber muß man sich ganz klar werden. Alle noch so dringenden persönlichen Anliegen, die einem auf der Seele brennen, sind unter allen Umständen zurückzustellen. Es gilt nur das eine zu tun: die Augen öffnen und den Schatz schauen, der vor uns ausgebreitet ist, dann aber sammeln und schöpfen von dem unermeßlichen Reichtum und weitergeben an die Gemeinde. Es muß das Herz des verzagten Predigers jenes aufmunternde „Sorge nicht!" treffen, denn der himmlische Vater hat vorgesorgt, und wir müssen nur bereit sein, auf sein Wort zu hören. Die eigene Inspiration, auf die man anfangs schwört, wird uns früher oder später im Stich lassen. An ihre Stelle muß dann die Schriftauslegung treten; sie allein hat Bestand.

Der erste Schritt in der Predigtvorbereitung ist also die Erkenntnis, daß wir den Stoff zu unserer Predigt ausschließlich im Alten und Neuen Testament zu suchen haben; nur von diesem Stoff haben wir der Gemeinde zu künden, denn diese wartet als Gemeinde Jesu Christi einzig und allein auf die Speise der Hl. Schrift und auf nichts anderes.

§ 2: Die Frage der Textwahl

Der Begriff der Textwahl ist zweideutig: Er sagt, was geschehen *muß*; er sagt aber auch, was *nicht* geschehen *darf*. Wir stehen bei jeder Textwahl in der Entscheidung zwischen Gehorsam und Ungehorsam gegen Gottes Wort, gegen Gott selbst. Unsere Wahl ist *Ungehorsam*, wenn wir meinen, wir ständen der Schrift in eigener Freiheit und Machtvollkommenheit gegenüber. G e h o r s a m führt uns bei unserem Wählen, wenn es Antwort ist auf einen Anspruch Gottes. So gewiß es der Mensch selber ist, der aus der schier unermeßlichen Fülle von Textmöglichkeiten einen einzigen Text für seine Predigt zu wählen hat, so gewiß ist es auch, daß er bei dieser in sein freies Ermessen gestellten Textwahl unbedingten Gehorsam zu zeigen hat und sich nicht zum Herrn über die ihm befohlene Aufgabe erheben darf. Aus eigener Vollmacht oder Willkür haben wir dabei nicht zu handeln. Denn zutiefst und zuletzt sind wir es ja gar nicht, die sich nach einem Text umzusehen haben, um gewissermaßen mit seiner Hilfe die eigenen Gedanken zu illustrieren. Es ist darum auch eine Verkennung der Predigtaufgabe, wenn man sich gedrungen fühlt, „den Text der Hl. Schrift seiner Predigt z u g r u n d e z u l e g e n", was man als stereotype Einleitungsformel zu hören bekommt. Damit wird nämlich das Schriftwort zum Motto degradiert oder als Sprungbrett in die eigene Gedankenwelt mißbraucht. Auch sollten wir uns davor hüten, einen Text zu nehmen, den wir gerade brauchen können. Der Meister muß immer der Text selber bleiben und nie umgekehrt.

Um Fehler zu vermeiden — soviel das möglich ist — soll man

1. *keine zu kurzen Texte* wählen, weil da die Gefahr der Überhebung größer ist als bei längerem Zusammenhang. Man soll z. B. nicht die erste Seligpreisung aus ihrer Verbundenheit mit der übrigen Bergpredigt herausreißen. Bei einer Predigt über 1. Joh. 4, 16 wäre es zu verlockend, den Text für sich und seine Beredsamkeit auszunutzen, statt sich von ihm leiten zu lassen.

2. soll man sich vor vielzitierten, vermeintlich leicht *verständlichen Stellen* hüten. Am Reformationstag braucht man nicht den Sinn von Gal. 5, 1 willkürlich zu verdrehen, und man sollte nicht am Volkstrauertag 1. Joh. 3, 16 in einen anderen Zusammenhang zwingen, als ihn die Schrift der Stelle gibt. Die Leuchtkraft eines Wortes wird in dem gottgewollten Zusammenhang der Schrift stets größer sein als in unseren noch so schönen und fesselnden, aber das Wort vergewaltigenden Reden.

3. suche man *keine Allegorien*, indem man dem Wort eine mehr oder weniger schöne und geistreiche Ausdeutung gibt. Wir sollen nicht unsere Künste mit dem Wort treiben, denn dann wird nie das laut, was geredet werden soll.

4. soll die Predigt keine *Zweckrede* sein. Man soll mit Psalm 96, 1 nicht versuchen, den Kirchengesang zu heben oder eine Singbewegung ins Leben zu rufen. Und beim Erntedankfest sollte nicht die Stelle aus Joh. 4 herhalten, um sich geistreich über Erntemöglichkeiten zu unterhalten. Voraussetzung für rechte Textwahl ist also das Bewußtsein, hier einen Dienst zu tun, zu dem wir befohlen sind; dann erst dürfen gewisse äußere Leitmotive ihre Geltung bekommen.

Um nun nicht in Fehler zu fallen, könnte man sich

a) in freiwilligem Entschluß an die *vorgeschriebenen Perikopen* halten, soviel auch gegen die alten kirchlichen Perikopen einzuwenden wäre. Hält man sich an sie, so steht man unmittelbar unter dem Zwang, nur das zu sagen, was der vorgeschriebene Text will, und die eigenen Gedanken werden eingedämmt. C a l v i n nennt die Kirche „die Mutter der Gläubigen", und wie ein Kind sich von den Eltern leiten läßt, so könnte sich auch ein Pfarrer dem fügen, was kirchlicher Beschluß ist. Aber es ist nicht unbedingt nötig, diesen von der Kirche gewiesenen Weg zu gehen.

b) Es ist auch empfehlenswert, sogenannte *Serienpredigten* zu halten (z. B. fortlaufend über Eph., 1. Joh. u. a.), so daß man sich also der Führung des Wortes überließe. Bei diesem Modus stellt sich nicht so leicht die Gefahr ein, daß wir uns ausgepredigt und nichts mehr zu sagen haben.

c) Es könnten sich aus dem steten *Umgang mit der Bibel* Stellen ergeben, von denen der Prediger sich angesprochen wüßte. Lebt der Prediger in und mit der Bibel, so wird er aus diesem Leben heraus am besten die Notwendigkeiten und Aufgaben des Textes erkennen. Wir müssen uns aber darüber klar sein, daß wir bei dieser allerpersönlichsten Entscheidung weit mehr einem Irrtum unterliegen können als bei jenen unter a) und b) aufgezeigten mehr äußerlichen, aber darum mehr verläßlichen.

Der Pfarrer sollte ja die Schrift doch öfter zu Rate ziehen als nur zum Zwecke einer Predigt. Gründliche Bibelkunde würde auch die Gefahr einschränken, zu kurze Predigttexte zu wählen. Man kann keine Themarede gleichwertig neben eine Textpredigt (Homilie) stellen. In der Kirche haben wir nicht die Vollmacht, christliche Prinzipien oder sonstige Themata abzuhandeln, sondern wir haben zu hören, was der Kirche zu ihrer Gründung und ihrem Aufbau gesagt wird. Da führt kein Weg an Gottes Wort vorbei. Will man Außenstehende gewinnen — es mag sich um Evangelisation oder missionarische Tätigkeit handeln — so darf die Kirche erst recht nicht von dem ihr befohlenen Dienst abgehen. Aus dem Grunde ist es auch unkirchlich, besondere Ereignisse oder Gedenktage in der Kirche hervorzuheben. Ob etwas von dem, was zur besonderen Erwähnung von einer kirchlichen Behörde vorgeschrieben worden ist, in der Predigt anklingt oder weit ausgeführt, vielleicht aber auch ganz verschwiegen wird, das liegt nicht am Prediger, sondern am Anspruche göttlichen Wortes an den, der es auszulegen hat. Die Schrift soll alles von eigenen Meinungen, Wünschen und Gedanken säubern; es gilt in strenger Disziplin am Wort zu bleiben und nur das hören zu wollen, was das Wort sagt, nicht was die große Öffentlichkeit, die engere Gemeinde oder das eigene Herz hören möchten. Treten besondere Fälle ein, z. B. Kriegsausbruch, so muß der Text immer *über* dem Thema des betreffenden Tages stehen. Es dürfen nicht die Gedanken zum Krieg in den Text hineingetragen werden. Mehr denn je gilt es gerade in solchen Situationen, den Gehorsam dem Text gegenüber zu bewahren. Die eigentliche Aufgabe kann die Kirche nur dann erfüllen, wenn sie nicht mit in die allgemeine Aufregung hineinläuft, sondern ihrer Herr zu werden versucht, indem sie von etwas kündet, das über allem menschlichen Gewese steht. Aus demselben Grund sind alle Arten von Stichworten für sogenannte Kasualreden schärfstens zu meiden. In allen jenen Fällen tritt allein jene unter c) gekennzeichnete Möglichkeit in ihr Recht, die sich aus einer inneren, unmittelbaren Bezogenheit und persönlichen Einstellung zum Inhalt der Bibel herleitet und im entscheidenden Augenblick auch den richtigen Text für ganz bestimmte Situationen erkennen lassen wird.

II. DIE REZEPTIVE (PASSIVE) FUNKTION

Das Bisherige war nur eine Art präliminarischer Vorarbeit, die wir der eigentlichen Vorbereitung zur Predigt vorangestellt haben. Wir treten nun an den Hauptteil unserer Arbeit heran: an die Predigt selbst.

Statt „rezeptiv" (im Unterschied zu „spontan") könnte auch „passiv" oder „objektiv" (im Unterschied zu „aktiv" und „subjektiv") an dieser Stelle gesagt werden, doch sind all diese Vokabeln mit Vorsicht aufzunehmen. Es geht hier um den in keiner Hinsicht unproblematischen Vorgang des einfachen Hörens auf den Text, worauf danach die Überlegung wird folgen müssen, was über das im Text Vernommene zu sagen ist.

Hier hat nun als erstes sehr einfach und gerade so entscheidend die *Lektüre des Textes* zu geschehen, die Kenntnisnahme Wort für Wort dessen, was dasteht, denn das soll ja der Inhalt der Predigt sein. Wenn alles Frühere verstanden ist, so ist das selbstverständlich.

Aber dabei müssen wir eine

1. Regel beobachten: Das erste Bekanntwerden mit dem gewählten Schriftwort hat im *Grundtext* zu erfolgen. Ihn muß man zuerst lesen und keine Mühe scheuen, hebräische oder griechische Übersetzungsarbeit zu leisten. Das mag bei oberflächlicher Beurteilung vielleicht überflüssig und zeitraubend scheinen. Aber jeder Übersetzung, mag sie noch so vorzüglich und authentisch sein, haftet doch der Mangel einer sekundären Quelle an. Sie ist nicht Original, Ursprung, sondern trägt die Eigenschaften einer Auslegung, eines Kommentars an sich. Zur restlosen Erfassung des Schriftwortes müssen wir aber den Weg gehen von der eigentlichen Quelle hin zum breiten Strom des Verstehens. Jeder Seitenweg raubt uns ein Stück der Vollständigkeit dieses Weges.

Es ist ja selbstverständlich, daß von einer besonderen Eignung der hebräischen oder griechischen Sprache für die Bibel als Wort Gottes nicht die Rede sein kann. Der Heilige Geist hat keine eigene Sprache. Daß es gerade jene Typen menschlicher Ausdrucksfähigkeit sind, in denen uns die Heilige Schrift gegeben ist, darf uns nicht mehr problematisch sein. Die Frage nach dem Warum dieser Sprachenprädestinierung kann nur beantwortet werden: es ist eben so! und damit haben wir uns abzufinden. Man wird einer Predigt abmerken können, ob sie nach dem Urtext oder anders gearbeitet ist. Es wird darauf ankommen, den Text im Zuge dieser anderen Sprache zu sehen, weil sich so Beziehungen ergeben, die anders nicht gesehen werden. Erst dann darf nach den Hilfsmitteln gegriffen werden, zunächst also nach den Übersetzungen. Für das N. T. ist da besonders diejenige von Adolf Schlatter zu nennen, die man stets mit großen Gewinn lesen wird, auch wenn man Schlatter nicht folgt. Ferner kommen die Übersetzungen von Weizsäcker und C. Stage in Frage. Die Übersetzung Luthers wird eine besondere Würdestellung einnehmen. Sie ist ja faktisch diejenige Form, in der die nicht theologisch gebildeten Gemeindeglieder die Bibel vor sich haben, und ihr Text ist seit Jahrhunderten in den Kirchen gelesen worden. Darum wird man dieser Stimme besonders Gehör schenken müssen. Im ganzen ist zu empfehlen, eine eigene Übersetzung auf der Kanzel nicht zu lesen und von Luther nur dann abzuweichen, wenn bei ihm sich Sinnentstellungen vorfinden. Wenn Luther allein die Nuance nicht ganz getroffen hat, so ist die Gelegenheit, darauf einzugehen, in der Predigt ausreichend geboten. Ansonsten ist festzuhalten, daß Luther ein wissender und verstehender Übersetzer war.

2. Regel: Nach der Lektüre des Textes wird nun nach seinem *Inhalt* zu fragen sein. Zunächst ist der Zusammenhang festzustellen, in welchem das gewählte Wort steht, denn jeder Text hat seine organische Verbindung mit dem gesamten Corpus der Bibel und kennt kein Eigendasein. Es muß klar und zielsicher um die Linien vorher und nachher gewußt werden, in die das Schriftwort unlösbar hineingespannt ist. Das Woher und Wohin eines Textes stehe nicht nur bei der wissenschaftlichen Exegese im Vordergrund, sondern darf auch bei jeder homiletischen Arbeit nicht übersehen werden. Manche Predigt würde anders aussehen, wenn sie aus dem Wissen entstanden wäre um das, was vorher und danach kommt.

Dann wird der Text *analysiert.* Ein paar Punkte, die gewissermaßen als Teilziel der im Textwort enthaltenen Aussagen zu bewerten sind, sind zu fixieren, die Proportionen der Aussagen, die Ordnung der Begriffe, die *Linie* des Textes sind herauszustellen. Erst dann schließlich werden Kommentare benutzt.

Der *Kommentar* unterscheidet sich von der Übersetzung dadurch, daß die einzelnen Bestandteile des Textes einer Erwägung unterzogen werden. In der Wahl der Kommentare steht man nun zwei grundsätzlich verschiedenen Typen gegenüber. Die *modernen* Kommentare des 18. Jahrhunderts bis zur Gegenwart stehen unter dem Zeichen der historisch-kritischen Forschung. Ihnen gegenüber erwächst uns als Menschen eben dieser Moderne die Notwendigkeit, die Bibel auch s o, historisch-kritisch zu lesen. Hier liegt eine Möglichkeit des Bibellesens vor, die die alten Kommentatoren auch gekannt haben, in der es um das Moment der geschichtlichen, irdischen Gestalt der Bibel geht, in der der Text in seinem konkreten Sosein zu verstehen gesucht ist. Dieses Bestreben ist so selbstverständlich und berechtigt, daß es keines weiteren Wortes bedarf. Man hat zu allen Zeiten gewußt, daß die Bibel nicht vom Himmel gefallen ist, sondern ihre ganz natürliche Entstehungsgeschichte hat, daß z. B. Paulus ein Kind seiner Zeit gewesen ist und auch nur als solches reden konnte. Nur haben jene alten Ausleger die Hemmungen, die aus solchem Verständnis der Bibel erwachsen mögen, entschieden weniger ernst genommen. In unserer Zeit dagegen hat dieses Schriftverständnis eine Hypertrophie erlebt, indem die Wahrheit der Schrift so zu ermitteln gemeint wurde, daß man den historischen Sinn des Textes mit seinem Sinn überhaupt identifizierte.

Wir stehen hier vor einem *Dogma* – einem außerkirchlich-heidnischen allerdings –, in dem nur der Mensch mit seiner Welt und seinen Funktionen, zu denen dann auch die Religion gehört, anerkannt wird. Dieses Dogma ist aber nicht die Voraussetzung, auf die hin eine Predigt gehalten werden kann. Wenn dieses Dogma gilt, dann hat solche Gebundenheit gerade an die B i b e l keinen Sinn mehr; es gibt dann noch andere Texte, die uns angehen. Was es zutiefst und zuletzt um die Heilige Schrift ist, geht uns erst auf, wenn wir erkannt haben, daß es sich bei ihr primär nicht um ein geschichtliches Dokument handelt, sondern zuoberst und zuhöchst um das Zeugnis der einen und einzigen Offenbarung Gottes, d. h. um das Wort Gottes selbst.

Trotz allem aber gilt, daß wir diese Kommentare der historisch-kritischen Forschung zu lesen haben, Werke wie etwa Lietzmanns Handbuch, das Göttinger Bibelwerk, die Kommentare von Jülicher, Zahn und Holtzmann. Wenn in der Moderne die Aufmerksamkeit auf die menschliche Gestalt der Bibel größer geworden ist, so geht es nicht, sich darüber hinwegzusetzen. Diese Kommentare sind keine Gefahr für uns, wenn wir wachsame Ohren haben. Wir wissen es wohl: Der Bibeltext ist ein historisches Dokument, aber nur auch. Im ganzen Bereich der Offenbarung geht es darum: „das Wort ward Fleisch" – es ist wirklich geschichtliches Dokument geworden.

Das Problem lautet: Inwiefern ist dieses ganz konkret menschliche Wort – Wort Gottes, Zeugnis vom Wort Gottes? – inwiefern wird auch in diesem Text etwas gesagt, was über das Menschliche hinausweist auf Gott, der mit den Menschen handeln will? – inwiefern wird eine Bewegung vollzogen, in der der Schreibende hinausblickt über seine tiefste Erregung und hinweist auf das Immanuel? Keine kritische Frage wird uns hindern können, auch das zu sehen und ebenso ernst zu nehmen. Das Wort ward Fleisch, aber das Wort ward Fleisch: das ist das christliche Dogma von der Bibel. In ihr reden Menschen, unterworfen von einer Wahrheit, die über sie gekommen ist, reden von Offenbarung her über Offenbarung: das haben uns die modernen Kommentare nicht zu sagen; für diese Frage sind die älteren Exegeten zuverlässiger. Es ist nicht angängig, bei den modernen stehen zu bleiben, wobei zu bemerken ist, daß die modernen positiven den älteren nicht etwa gleichzuachten sind, da sie jenen liberalen oft zum Verwechseln ähnlich sehen.

Unter den *älteren Kommentaren* kommen vor allem in Frage Bengels Gnomon Novi Testamenti, die Schriftauslegungen von Calvin und Luther – und bei einiger Vorsicht in der Verwendung auch Augustin. Es kann dann ferner noch in Betracht kommen die Lektüre von *Predigten* über den vorliegenden Text. Hier ist den neuzeitlichen Predigten gegenüber besondere Vorsicht geboten, da sie fast alle unter dem fatalen Zeichen der Themapredigt stehen. Es gibt aber wirklich gute, im Druck vorliegende Predigten, zu denen man ohne Bedenken greifen kann, um sie nach Art eines Kommentars zu lesen. Es ist doch so: ein Ringen um das Verständnis der Bibel hat doch immer in den Schulen der Pfarrer stattgefunden. Warum sollten wir da nicht zu ihnen in die Schule gehen und von ihnen lernen? Den eindeutigen Charakter von Schriftauslegungen haben die Predigten eines Hermann Friedrich Kohlbrügge, Gottfried Menken und Calvin.

So wollen wir abschließend uns zur Regel machen, sowohl alte als auch neue Kommentare heranzuholen, nebeneinander zu halten, alles zu prüfen und das Gute zu behalten. Über alles Menschliche hinweg gilt es, immer ein Echo zu sein für den Ruf Gottes, der an uns in seinem Wort ergeht. Alle Anregungen, die sich uns sonst bieten mögen, dürfen deshalb nie mehr als Anregungen sein.

Nachbemerkungen

Wenn aus zwingenden Gründen die Zeit für die Predigtvorbereitung stark beschnitten ist, so muß, gewissermaßen als Minimumprogramm der Vorbereitung, die Notwendigkeit der Lektüre des Textes in der Ursprache und in der Übersetzung Luthers trotzdem festgehalten werden. Allerdings sollte diese Möglichkeit nur für den schlimmsten Fall gelten. Wir, die wir gegenüber der katholischen Kirche das wahre Heiligtum, das Wort, haben, sollten in der Predigtvorbereitung und der Predigt selbst die eigentliche Aufgabe und den Sinn pfarramtlicher Arbeit sehen und danach tun.

Wie soll ich über einen unechten Text predigen, den ich in historischer Kritik als Legende und Mythos erkenne und so von ihm annehme, daß er im N. T. sekundär ist? Darauf wird geantwortet: Allerdings kann über eine Legende nicht gepredigt werden. Da ich aber in der Kirche an den Text herantrete und aufgerufen bin, hier Gottes Wort zu hören, kann der Text durch irgendein Urteil des Historikers nicht unbrauchbar werden, Gottes Wort zu sein.

III. DIE SPONTANE (AKTIVE) FUNKTION

Wir kommen zur zweiten Funktion, die wir als die aktive oder spontane und subjektive bezeichnet haben. Über sie ist sehr viel mehr zu sagen, weil in ihr die eigentlich ausschlaggebende und verantwortungsvolle Arbeit beschlossen ist. Wir gliedern sie in zwei Teile, die überschriftlich so formuliert werden mögen:

1. Das Verständnis des eigentümlichen, im Text begangenen Zeugnisweges.
2. Die aktuelle Situation des Textes.

§ 1: Der Zeugnisweg

Wenn der eben geschilderte, sogenannte passive Weg gegangen, wenn der Text gelesen und ferner ein besseres Erfassen desselben durch das Lesen alter und moderner Kommentare versucht worden ist, dann steht der Prediger vor einer Entscheidung, die sich daraus ergibt, daß die Bibel ja zugleich ein historisches und kirchliches Buch ist. Als historisches Buch ist sie Monument eines Stückes der Geschichte der menschlichen Frömmigkeit – das ist es, was die modernen Kommentatoren so scharf und treu hervorgehoben haben. Aber für den Prediger und den Bibelleser im Raum der christlichen Kirche genügt die Auffassung der Bibel als eines solchen Monuments nicht, eines Monuments, das an Vergangenes erinnert, das einmal so war. Aber damit ist ihre Bedeutung nicht erschöpft. Wir sehen noch etwas ganz anderes, viel Wichtigeres in ihr. Sie ist ein Dokument, d. h. eine Schrift und Urkunde, deren Gültigkeit bis auf den heutigen Tag unveränderlich erhalten ist, die auch die Gegenwart vor eine Entscheidung stellt, für sie Geheiß, Aufgabe, bestehende Direktive bietet, eine Urkunde einer damals gefallenen Entscheidung, die aber auch heute noch gilt. Der Text als Teil der Bibel ist also in erster Linie als Dokument für uns wichtig. Aber fügen wir gleich hinzu: nicht ein Dokument, das zu irgendeiner Zeit für irgendeine Gruppe autoritäre Bedeutung hatte, sondern eines, das ganz speziell und ganz exklusiv zu niemand anderem als gerade zu uns in gerade diesem Moment redet, und zwar als einziges Zeugnis von der Offenbarung Gottes, einem Wort, das Gott in diese Zeit hineingesprochen hat.

1. *Thema oder Skopus?*

Diese Qualifikation der Bibel macht es aber schlechthin unmöglich, nach dem *Thema,* dem *Skopus* des einzelnen Textabschnittes zu fragen. Die Bibel ist in der christlichen Kirche das Zeugnis von Gottes Offenbarung. Als das einzige, aber auch genugsame Zeugnis von Gottes Offenbarung nennen wir die Hl. Schrift selbst Gottes Wort, das gesprochen ist und nun durch Herolde in der Predigt weitergegeben wird. Wenn die Bibel so verstanden wird, nämlich als Zeugnis von Gottes Wort, als Zeugnis von einer Entscheidung, einer Tat Gottes, dann scheint es unmöglich zu werden, die Überlegung über den schon gelesenen, wissenschaftlich bearbeiteten Text mit der Frage nach dem sogenannten Thema, dem Skopus des Textes zu beginnen. Die Antwort auf solche Fragen würde lauten: Durch die ganze Bibel hindurch gibt es nur ein einziges Thema, nämlich: Gottes eigenes Wort, seine Offenbarung, Jesus Christus selber. Was wäre ja jener Unfug der Themensetzung anderes als das überhebliche, aber als ohnmächtig sich erweisende Unterfangen, Jesus Christus durch unsere Überlegung sozusagen erst auf den Plan zu führen. Jesus Christus steht nicht einfach in der Bibel, er ist nicht einfach in der Predigt zu finden. Was im Bibeltexte wirklich steht und dann auch weitergegeben werden kann, ist etwas ganz anderes: nicht die Offenbarung selbst, sondern das Zeugnis von Gottes Offenbarung. Dieses Zeugnis ist nicht das Thema der Bibel, sondern eine menschliche Äußerung, getan von den Propheten und Aposteln, die nicht aus eigenem redeten, sondern gezwungen, so sagt Paulus, die eine Last zu tragen hatten, so sagen die Propheten, eine Last, von der sie redeten, so gut sie es vermochten, in Verantwortung vor den Menschen, denen sie das Gotteswort sagten. Der Text, über den der Prediger zu predigen hat, ist ein Stück ihres Gedankenganges unter dieser Verantwortung.

Wir nennen diesen Gedankengang den *Zeugnisweg* — der Text besteht ja nicht aus einzelnen Worten, er steht in einem Zusammenhang. Deswegen ist auch immer wieder vor kurzen

Worten zu warnen, da man bei ihnen leichter den Zusammenhang außer acht läßt. Was ein Zeugnis ist, wird an Joh. 1, 7 bis 8 klargemacht: Das martyrein peri autou ist hier wohl zu beachten. Das Zeugnis redet um das herum, wovon es zeugt, es ist nicht das Bezeugte selbst. Johannes der Täufer war nicht das Licht, aber er zeugte vom Lichte: Siehe, das ist Gottes Lamm, welches der Welt Sünde trägt.

Bezüglich des *Inhalts einer Predigt* definieren wir also: Der Inhalt einer Predigt ist die Wiederholung dieser in der Bibel ein für allemal niedergeschriebenen martyria, vollzogen von einem heutigen Menschen, aber immer im Hinblick auf jene Apostel, Propheten etc. Es geht in der Predigt überhaupt nicht darum, bekannte Wahrheiten, z. B. die Herrlichkeit des Glaubens oder: der Christ und das Vaterland u. ä., oder in der Bibel gesuchte und gefundene, bekannte oder wenigstens relativ bekannte Wahrheiten zum Gegenstand zu machen. Darum geht es: hinzuweisen auf die den Menschen immer absolut unbekannte Wahrheit, und das zu tun in der Hoffnung und dem Gebet, daß diese Wahrheit, die aletheia Jesou Christou, nun durch den Dienst dieses schlichten Hinweises selber das Wort führe, sich selber bekannt mache. Dieses müssen wir uns als den Sinn der Predigt immer wieder vor Augen halten: Hinter dem Text der Bibel steht die dem Menschen absolut unbekannte Wahrheit; sie will sich eröffnen, sie soll durch den Ruf der Kirche die absolut bekannte Wahrheit werden. Theologen wie Laien stehen ihr gleicherweise gegenüber als der verborgenen Wahrheit. Wir Theologen haben nur das zu wiederholen, was Menschen von dem, was ihnen begegnete, sagten. Indem wir das schlicht und bescheiden tun, dienen wir dem Selbstworte Gottes. Lassen wir es darauf ankommen, daß wir, indem wir ihr Wort hören, das Wort hören von dem, der es allein hören lassen kann! Predigen heißt: den vom Texte begangenen Zeugnisweg noch einmal mit der Gemeinde gehen. Hier ist nun die ganze schwere Sorge um das Geheimnis der Offenbarung abgenommen. Das, was die Propheten und Apostel gehört haben, das sollen wir versuchen nachzusagen.

Hier seien drei Anmerkungen beigefügt, die gewissermaßen als technische Erläuterungen zu dem über den Zeugnisweg des Textes Gesagten anzusehen sind.

2. *Drei technische Erläuterungen*

a) Das Bibelwort ist Dokument und Monument zugleich. Daß es Monument eines Stückes der Geschichte der Frömmigkeit, eines Stückes alter Kultur ist, das müssen wir beachten. Schikken wir uns also an, in der Predigt jenen alten Zeugengestalten gehorsam zu folgen und das, was sie einmal der Welt zu sagen hatten, schlicht zu wiederholen, so müssen wir uns immer wieder vor Augen halten, daß der Gegenstand der Wiederholung nicht die äußere Gestalt des Zeugnisses, nicht das historische Gewand sein darf. Wenn es sich darum handelt, ein Dokument zu wiederholen, so wird es sich nicht immer auch darum handeln, das Monument zu wiederholen. Die *Stellung des Historischen* darf in der Predigt keine selbständige sein; durch Mitteilungen historischer Art wird eine Predigt immer belastet. Historisches muß nur insoweit erwähnt werden, als es wesentlich zu dem Zeugnis gehört, als das Zeugnis anders nicht wiederholt werden könnte. In der Predigt handelt es sich um das Gehen des Zeugnisweges inmitten der heutigen Situation. Die Richtung des Weges haben wir am Text zu lernen, aber den Weg müssen wir in unserer Situation gehen. Damit ist eine Abgrenzung gegenüber der zu starken Betonung der historischen Ereignisse in der Predigt gegeben.

b) Es ist eine psychologisch durchaus verständliche Erscheinung, wenn man einen Zeugnisweg, den man gefunden und sich zu eigen gemacht hat, immer wieder gehen will, bildlich gesprochen: wenn wir uns durch eine bestimmte Weichenstellung nur auf einem einzigen Schienenstrang bewegen. Es wird aber davor gewarnt, daß der Prediger unter Nichtbeachtung des großen Reichtums der Schrift an vielen *mannigfaltigen Zeugniswegen* an einem nun einmal gefundenen Zeugnisweg haften bleibt und seine Predigten alle einem bestimmten Schema entsprechend aufbaut. Die Studenten werden ermahnt, sich die Bibel daraufhin anzusehen, wie mannigfaltig sie ist. Nicht in jeder Predigt soll man z. B. dem Schema folgen: der Mensch ist Sünder, aber nun ist Christus da, nun solle sich der Mensch bessern! Die Schrift ist einem ganzen Wald oder einem Ozean gleich, wo jeder Baum, jeder Tropfen etwas Besonderes sein will. Diese Mannigfaltigkeit schließt Langeweile restlos aus und verhilft dazu, abgelaufene Schienen zu meiden und immer wieder neue

Wege einzuschlagen. Bei Beachtung dieser Mahnung gäbe es von Sonntag zu Sonntag Neues zu sagen als immer neuen Hinweis auf das eine große Neue, auf den neuen großen Anfang, den wir mit Gott machen dürfen auf Grund seines großen neuen Anfanges mit uns.

c) Um der Gefahr eines willkürlichen Biblizismus zu entgehen, haben wir uns ständig zu vergegenwärtigen, daß die Predigt in einer ganz bestimmten Kirche zu einer ganz bestimmten Zeit stattfindet. Hier wäre ernstlich hinzuweisen auf die große Bedeutung der sorgfältigen Beschäftigung mit der *Dogmengeschichte* und der *Dogmatik* der Kirche, in deren Raum ja der Prediger an seinem bestimmten Ort zu verkündigen hat. Jeder Prediger sollte eine gute Dogmatik gebrauchen; in diesem Zusammenhang ist auf die außerordentlich hohe Bedeutung des dogmatischen Studiums auf der Universität und nachher im Amt hinzuweisen. Wir brauchen zum Verständnis der Bibel ganz bestimmte Wegweiser, die wie Tonnen im Meer die Fahrstraße abstecken, gelegentlich auch Umwege machen, aber nur darin ihren Zweck haben, uns davor zu schützen, aus Unkenntnis oder Leichtsinn auf Sand zu geraten. Oder ein anderes Bild: Nicht Wilderern dürfen wir in dem großen Wald der Bibel gleichen, die da schießen, wohin und was ihnen gefällt, sondern wir haben uns an ganz bestimmte Richtlinien zu halten, die wir uns aus den alten und neuen Dogmatiken aneignen müssen. Dabei soll man die Dogmen in der Predigt nicht wörtlich anführen, gleichsam um sein Wissen leuchten zu lassen, aber zu Wegweisern soll man sie sich selbst werden lassen. Das Bedenken des Dogmas würde vor Einbildungen schützen. Das Dogma sei eine gute Brille, mit deren Hilfe der Prediger getrost und fröhlich in den Text schauen könne! Das würde ihn vor Willkür bewahren und müßte geschehen in Disziplin und Zucht, in Verantwortungsbewußtsein, festgegründet auf dem Grund der Kirche.

Um das Bisherige praktisch zum Verständnis zu bringen, wollen wir uns einige Predigtskizzen erarbeiten.

3. *Drei Predigtskizzen*

Psalm 121

Der Psalm zerfällt in vier Glieder: 1. 1 f.: Es handelt sich um ein Wallfahrtslied, dessen Inhalt das Problem der Hilfe ist.

Der hilflose und schwache Mensch weiß nicht nur um die Tatsache, daß ihm eine Hilfe gegeben ist, ihm ist auch der Ort bekannt, von wo sie herkommt. Dorthin richtet er in gläubigem Vertrauen seine Augen, nach Jerusalem, wo Gott der Herr, der Allmächtige, der Schöpfer des Himmels und der Erde seine Wohnstatt hat. Von dort kommt ihm die Hilfe. Überleitung: Es gibt auch einen Ort für uns, von wo wir unsere Hilfe zu erwarten haben. 2. 3 f.: Diese Gewißheit resultiert aus der Überzeugung, daß dieser Gott der Hilfe höchste Aktivität ist, von dem wir wissen, daß er nie und nimmer im Schlummerzustand für den hilfebedürftigen Menschen unerreichbar sei oder in Abwesenheit und weltenweiter Ferne ein für uns unwirksames Dasein führe. Im Gegenteil: Der Herr ist immer da, und zwar in allernächster Nähe, und wir können ihn immer haben. 3. 5 f.: Gerade dann, wenn die Anfechtung am größten ist und wir zu vergehen drohen, gerade dann behütet uns Gott. Es gibt Anfechtung, die aus der kosmischen Bedingtheit des Menschen hervorgeht, aus der wir uns nicht allein helfen können. Aber gerade hier wird positiv, indikativisch vom Schutze Gottes geredet. 4. 7 f.: Der Indikativ geht in den Wunsch, in das Gebet über. Die alttestamentliche Gemeinde pflegte für jedes einzelne ihrer Glieder zu beten und fand in dieser Fürbitte für einander ihre Kraft und ihren Trost. Auch wir wissen heute, daß für uns gebetet wird, aber es gibt ein viel wirksameres Gebet als damals: Christus selber tritt für uns ein vor dem allmächtigen Gott. Sein Gebet ist unsere Hoffnung. — So ungefähr könnte die Predigt angelegt werden. Man sieht: ein spezielles Thema fehlt.

Johannes 13, 33–35

Diese drei Verse wären als Predigt in der Passionszeit geeignet. Es ist auch hier wie bei allen ausgewählten Stücken als erstes auf das Vorher und Nachher eines solchen Abschnittes zu achten: Jenes exelthen (Judas!) in V. 30 bedeutet den Anbruch einer letzten Aufgipfelung in der Passion des Menschensohns. Unser Text setzt dann mit einem heilsgeschichtlichen nyn ein: „N u n ist des Menschen Sohn verklärt!" Aber diese Verklärung findet statt in der Nacht, nicht nur äußerlich, sondern in der Nacht des Leidens Christi. Der Zeitpunkt ist erreicht, an dem sich die Fleischwerdung und also die Selbsterniedrigung Gottes vollendet. Und eben dieser Augenblick bedeutet bereits den Schritt zur Hoheit Christi: Nun ist des Menschen Sohn verklärt! – und Gott wird ihn danach in sich selbst verklären; so gehören V. 31 und V. 32 eng zusammen. Hingegen tritt in V. 33 eine eigentümliche Verzögerung ein: „Wo ich hingehe, da könnt ihr nicht hinkommen", wird nun auch zu den Jüngern gesagt. In diesen wenigen Aposteln ist die gesamte Gemeinschaft der Gläubigen vorhanden. Ihnen allen tut Jesus seine Gedanken kund. Sie sollen es alle wissen und begreifen, daß sie den Weg des Christus nicht werden mitgehen können. Weder die Welt noch die Kirche werden je imstande sein, das nachzuahmen, was er, der Christus allein, ausersehen war zu tun. Nur er und sonst niemand wird den Weg des Vaters gehen und zwar – für die Welt. Kommt somit keine Nachahmung Jesu Christi in dieser Hinsicht in Betracht, so wird dafür etwas anderes umso dringlicher geboten: Gehorsam. „Ein neu Gebot gebe ich euch, daß ihr euch untereinander liebet!" Karfreitag und Ostern, diese Stationen des Weges Christi, sind ja die Stationen der Liebe. Hier ist es Ereignis geworden, daß alle Feindschaft und alle Lieblosigkeit in den Tod geschickt wurde, und damit ist ja all unserem Hassen der Boden entzogen worden. Nun ist die Anerkennung dieses neugeschaffenen Tatbestandes für uns ganz selbstverständlich identisch mit der Anerkennung des neuen Gebotes der Liebe. Wo dann diesem Gebot konkret gehorcht wird, da werden die Leute sehen, daß es Menschen gibt, die bei Jesus Christus in die Schule gegangen sind und dort die Bedeutung gelernt haben, die er für ihr Leben hat. Es ist nicht gesagt, daß durch solches Verhalten seiner Zöglinge die ganze Welt für Christus gewonnen würde, sondern nur das, daß die Leute zueinander sagen werden: Das sind Jünger Jesu, die sehen so aus und die führen so ihr Leben. Wenn dies einige zu Recht aus dem Text erhobene Gedanken zur Predigt sind, so wird man angesichts derselben vergeblich nach dem zugrunde liegenden einheitlichen Thema fragen. Die Aufgabe lautet nun so: das, was im Text steht, in deutscher Sprache nachzusagen für deutsche Gegenwartsmenschen. Eine überströmende Fülle ist jedenfalls in diesen wenigen Versen enthalten.

Epheser 2, 1–10

Das *Problem der Sündenpredigt* ist hier akut. Es wird einleitend (V. 1–3) festgestellt, daß sie alle, zu denen der Apostel redet, kosmische, weltliche und damit in die Sünde verstrickte Menschen gewesen sind, in welchem Zustand sie als Menschen der Eigenmächtigkeit gelebt haben. Aber dieser Zustand der Übertretungen und der Sünde war gar nicht mehr mit wirklichem Leben zu vergleichen, vielmehr waren sie alle im wahrsten Sinne tot unter dem Zorn Gottes. In V. 3, wo die Sünde in ihrer furchtbaren Konkretheit besonders unterstrichen wird, tritt ein merkwürdiger Wechsel zwischen dem bisherigen „ihr" und einem plötzlich auftretenden „wir" ein, womit sich Paulus mit vollem Bewußtsein einschließt in die Sünde. Aber – und das ist nicht zu übersehen – das Ganze der Sünde wird in die Vergangenheit zurückverlegt. Dadurch erfolgt nicht etwa eine Schwächung des Sündenbewußtseins, im Gegenteil: die Furchtbarkeit der Sünde wird mit diesem Praeteritum besonders hervorgehoben. Obwohl jedermann aus Erfahrung weiß, wie vollständig diese Vergangenheit noch zu unserer Gegenwart hinzugehört, so ist es doch nicht weniger wahr, daß Gott diese schreckliche Gegenwart längst in die Zeit des einmal Gewesenen zurückgeschlagen hat. Und die Begründung dafür, daß die christliche Kirche es sich leisten kann, in dieser scheinbaren Verwirrung der Zeiten von der Sünde zu reden, liegt eben in jener Osterbotschaft, mit der V. 4 einsetzt: „Aber Gott, der da reich ist." Alle menschlichen „Aber" sind durch dieses „Aber" Gottes von vornherein zum Stillschweigen gebracht, und in der Kirche Christi wird darum nicht auf die Schlange geschaut, deren wütende Bisse uns Wunden um Wunden zufügen, sondern auf die Schlange, die erhöht ist und deren Anblick alle Wunden zu heilen vermag.

Die Vv. 4–7 zeigen diesen Sieger über alles, was Sünde heißt. Die frohe Botschaft lautet: Ihr alle, die ihr tot wart in der Knechtschaft der Sünde, seid ja mit Christus auferstanden. Diese Auferstehung des toten Menschen aber ist nur ein Werk Gottes selber, vollzogen in Christus und seiner Erhöhung. Der Kampf mit der Sünde liegt längst dahinten, die Schlacht ist gewonnen, der Sieg steht fest. Das ist die Art und Weise, wie Paulus das Böse bekämpft. Keine Moral, keine ethischen Verhaltungsmaßregeln, nur ein Verweisen auf den, der die Sünde ein für allemal ihrer Macht beraubte. Dieser Ausblick auf Christus wird nun in V. 7 weiter behandelt: Im Christen erblickt Paulus den Gegenstand der Güte Gottes, die uns das ewige Erbe aus seinem überschwenglichen Reichtum zubereitet hat. Die Vv. 8–10 stellen uns in die Zeit zwischen Auferstehung und Wiederkunft. Alles, was wir zwischen den Zeiten sind, das sind wir nicht aus uns. Es liegt also keine Veranlassung und keine Berechtigung zum Rühmen vor. Nicht aus unseren Werken sind wir, was wir sind – aus Gnade vielmehr sind wir selig geworden durch den Glauben, aber auch diesen haben wir nur als Gabe Gottes. Und doch: wir sind geschaffen zu guten Werken, in denen wir wandeln sollen. Bezeichnend ist, daß Paulus hier eine imperativische Formulierung umgeht und im Indikativ diese Tatsachen bringt. Ihm geht es darum, jeden Zweifel daran zu vernichten, daß alles ein Werk Gottes ist und der Mensch nichts dagegenzusetzen hat. Wer hierauf noch nach dem unentbehrlichen Imperativ suchen will, der ist gehalten, ihn gerade im Indikativ zu finden.

Diese Verse sind ein prägnantes Stück apostolischen Zeugnisses, das kein eigentliches Thema hat, sondern nur unter dem großen Thema der Bibel steht – und auf die Verkündigung d i e s e s Zeugnisses hat die christliche Gemeinde ein Anrecht.

§ 2: Die aktuelle Situation des Textes

1. *Explicatio und applicatio*

Hatten wir uns bis jetzt klar gemacht, daß es bei der Wortverkündigung nur um ein schlichtes Wiederholen des uns in der Schrift gegebenen Zeugnisses geht, so weitet sich jetzt die Aufgabe insofern, als wir diesen Zeugnisweg in der G e g e n w a r t zu gehen haben. In welcher Umgebung wird sich unsere Wanderung zu vollziehen haben? Diese Frage haben wir uns zu stellen, denn das Zeugnis in der Schrift untersteht keiner zeitlichen Begrenzung, sondern ist der Kirche in der Gegenwart gegeben, d. h. aber Menschen, die durch das Wort Gottes gerufen sind und immer wieder aufs neue gerufen werden sollen. Oder mit anderen Worten: das Zeugnis der Hl. Schrift redet die Welt an, die Kirche werden soll. Das ist die göttliche Seite der Hl. Schrift. Dieses Angeredetsein gilt nicht einer besonderen Menschenauswahl – allen Menschen soll das Zeugnis weitergegeben werden. Aus dieser an keine Zeit und keine Menschengeneration gebundenen Notwendigkeit heraus stellt sich die Frage nach der Sprache, d. h. nach der Wiedergabemöglichkeit für das, was zu sagen uns geboten ist. Denn die Predigt darf ja nicht nur eine explicatio sein und sich darauf beschränken, eine Auslegung ohne Rücksicht auf den Hörer zu sein, sondern es muß ein Zweites hinzutreten, nämlich die Forderung, jede Predigt zu einer *applicatio* zu gestalten. Jede Auslegung – und mag sie noch so textgetreu und textgebunden sein – muß wirkungslos im leeren Raum verhallen, wenn nicht die Möglichkeit eines Widerhalls bei dem, der sie hört, gegeben ist. Die Rücksichtnahme auf den Hörer und seine Eigenart muß uns die Frage nach dem Wie der Verkündigung groß und wichtig erscheinen lassen. Es muß von uns aus alles getan werden, damit aus unserer Predigt nicht ein schöner, aber für die Gemeinde unbrauchbarer Monolog wird. Damit hätte sie ihr Leben schon verloren. Aus der Tatsache, daß sich der Prediger als Wortverkünder nicht in einer isolierten Stellung befindet, sondern in lebendigster Fühlungnahme und innerem Verwachsensein mit seiner Gemeinde seinem Amt obliegt, ergibt sich die Notwendigkeit, die Doppelheit der explicatio und applicatio zu einer Einheit werden zu lassen.

Der Mensch, den ich anreden will, muß mir bei der Predigtvorbereitung stets vor Augen stehen, und es wird dabei viel darauf ankommen, wie gut oder wie schlecht ich diesen Menschen kenne. Aus dieser meiner Kenntnis des Menschen werden mir dann auch jeweils Einfälle und Assoziationen kommen, die mich bei meiner Vorbereitung von Vers zu Vers begleiten. Diese Einfälle bilden dann das Gegenwartsmaterial zur Predigt. Und wenn uns mit dem Befund unserer theologischen Exegese eine unverrückbare Grundlage gegeben ist, so bedeutet demgegenüber unser Gegenwartsmaterial das unsichere und bewegliche Element im weiteren Bau unserer Predigt.

Für die Beschreibung des Verhältnisses von applicatio zu explicatio bei der Vorbereitung einer Predigt gilt folgender Leitsatz: *In der Predigt muß sich explicatio zu applicatio verhalten wie Subjekt zu Prädikat.*

2. *Der methodische Weg*

Rein *methodisch* wäre dabei so zu verfahren: Es würde sich zunächst darum handeln, ganz schlicht die Einfälle zu notieren, die einem beim Nachdenken über den Text gerade kommen. Aber hier müssen wir unverzüglich ein Warnungssignal aufstellen. Dieses Gegenwartsmaterial, das wir uns in mehr oder weniger reichlicher Fülle angesammelt haben, trägt die Eigenschaft eines sehr unsicheren und wandelbaren Faktors bei der Predigtvorbereitung. Die reine, von keiner menschlichen Beimischung beschwerte Textdarbietung erweist sich dagegen als der allein sichere und verläßliche Grund. Sie bleibt das A und O der Lehre des heute zu begehenden Zeugnisweges. Haben wir uns diese Erkenntnis zu eigen gemacht, so ist erst die Voraussetzung gegeben, die zweite Erkenntnis nutzbar zu machen, daß dieser Zeugnisweg in und mit der Kirche der Gegenwart zu begehen ist und daß es sich dabei um die schon berufene und immer wieder neu zu berufende Kirche handelt. Der Mensch, der da angeredet wird, ist der Mensch mit all seinen Sorgen und Nöten. An ihn in dieser ganz konkreten Situation, in seinem irdischen Dasein und Sosein ergeht der Ruf Jesu Christi, an ihn als den Menschen der Gegenwart, unter dem wir aber weder den Prediger noch die Gemeinde als abstrakte Größen zu verstehen haben. Die Kirche findet ja nicht ihre Verkörperung in der Person des Predigers, auch nicht in der Gemeinde, sondern die Kirche ist Prediger u n d Gemeinde. Beide bilden eine Einheit, die nicht auseinandergerissen werden kann.

Unter den Menschen der Gegenwart, um die es in der applicatio geht, ist also weder allein der Prediger noch auch abstrakt die Gemeinde ohne Prediger verstanden, sondern dabei handelt es sich um den Prediger in der Gemeinde oder um die Gemeinde, in der der Prediger steht. Es kann sich also auf der einen Seite nicht nur um ein Selbstgespräch des Predigers über sich allein und seine eigenen Sünden handeln, denn das würde dann die Aufhebung der Kirche als communio sanctorum bedeuten. Aber die Gefahr einer Verirrung nach der anderen Seite ist insofern noch viel größer, als es nämlich sehr leicht geschehen kann, daß der Verkündiger des Wortes Gottes das Gegenüber von Prediger und Gemeinde nach einer anderen Richtung überspannt und also in abstracto die Gemeinde anreden zu müssen meint, ohne sich selbst in diese einzubeziehen. Das Wissen um diese Situation des Predigers, der selber in der Gemeinde steht, wohl als Träger des Amtes, aber des Amtes, das der Gemeinde gegeben ist, über die er sich nun nicht erhaben fühlt, sondern in deren Mitte er sich selbst hineingestellt weiß als ein Mensch, der auch nur immer wieder das Wort zu hören hat – das Wissen um diese Situation des Predigers wird die Grundbedingung sein müssen für die rechte applicatio des Wortes, die immer nur zugleich auch explicatio sein kann.

Wenn wir nun daran denken, daß es sich in der Predigt um das Beschreiten des im Text vorgeschriebenen Zeugnisweges handelt, so stoßen wir beim weiteren Nachdenken über das Wesen der applicatio auf eine Schwierigkeit, die sich nicht auflösen, sondern nur beschreiben läßt, und die in dem Problem des Verhältnisses von *Lebensnähe und Textnähe* besteht.

Bei der Vorbereitung der Predigt wird es einerseits darauf ankommen, den Text so zu bedenken, daß er vom Prediger her wirklich als von einem heutigen Menschen durchdacht wird und dann auch wirklich zu einem Wort an den heutigen Menschen werden kann. Wie wir sahen, stellt sich der postulierte Gegenwartsstoff bei Anlaß des durchgearbeiteten Textes ein, wobei wir mit zwei Grenzwerten in der Gestaltung und Verwertung des einmal gefundenen Stoffes zu rechnen haben: einem *Optimum* und einem *Pessimum.* Die Entscheidung, wie weit der Text eine Heranziehung von Gegenwartsproblemen gestattet, wird immer einen Höchstwert ergeben, soweit dabei die Schrift einzig und allein als Norm gilt. Verliert sich aber der Prediger in eigenen Gedankenbildungen ohne diese Grenzsetzung durch die Schrift, dann stehen wir vor einer höchst fragwürdigen Erfüllung jenes Postulats der applicatio. Einerseits wird man sagen müssen, daß man bei jeder Predigt nicht genug an die Menschen, denen sie gilt, denken kann. Denn jedes Wort, das diesen hörenden Menschen verkündigt werden soll, muß zu einem Wort werden, das ganz speziell und eindeutig unsere Gegenwart anredet.

Wehe nun aber dem Prediger, der erstens nicht sieht, wie aktuell für den heutigen Menschen das betreffende Bibelwort dasteht! Wehe aber noch mehr dem Prediger, der wohl die Kontingenz und Aktualität eines Schriftwortes in bezug auf den

Menschen der Gegenwart sieht, nun aber sich fürchtet oder kein Ärgernis geben will und damit zum Deserteur am Worte wird, das uns angreifen und beunruhigen, das mit dem heutigen Menschen konfrontiert werden will, um ihn so erst recht zur Ruhe Gottes zu führen, und das nun durch die Feigheit und den Ungehorsam des Predigers verschüttet und so an seinem eigentlichen Werk gehindert wird! Darum braucht es zur rechten applicatio des Textwortes eine gewisse Zivilcourage, die nun aber nichts anderes will als dem Inhalt des Schriftwortes gegenüber allen äußeren Lebensverhältnissen unter allen Umständen zum Ausdruck zu verhelfen, eine Zivilcourage also, die nur im Gehorsam gegen den Text den Zugriff gegenüber der konkreten Situation des Lebens wagt und die dann auch jeder eigenen Verantwortung für alle Folgen dieses im Gehorsam gegen den Text vollzogenen Zugriffes überhoben ist. Denn dann ist es allein das Wort der Heiligen Schrift, das hier die Verantwortung trägt. Für einen verantwortungsbewußten Pfarrer gibt es überhaupt keine Zeit und keine Situation, wo der Text „bedrohlich und gefahrvoll" werden könnte. Was der Text zu sagen hat, muß bedingungslos gesagt werden, und wenn es dem Prediger den Hals kosten sollte. Also Offenheit für den Text und dann Mut zur Verkündigung – das sei an dieser Stelle mit allem Nachdruck betont.

Dieser Forderung der Lebensnähe steht die Forderung der Textnähe gegenüber. Gerade wenn man sie ganz ernst nimmt, dann kommt man hier in eine Schwierigkeit, die nicht durch ein besonderes Rezept gelöst, sondern nur in ihrer Gefährlichkeit allen zur Warnung beschrieben werden kann. Es besteht dann nämlich die große Gefahr, daß wir auf Grund der Gedankenassoziationen, die sich bei uns nach unserer Meinung im Anschluß und in Auslegung des Textes als eine Beziehung zur Wirklichkeit des Menschen der Gegenwart eingestellt haben, gerade wiederum etwas von außen in den Text hineintragen, was nicht im Texte steht, was wir aber auf Grund einer gewissen Geladenheit mit einem schönen Gedanken unbedingt in der Predigt meinen anbringen zu müssen – wobei wir zwar dann nicht in den Fehler einer lebensfremden Exegese des Textes verfallen, wohl aber in den umso größeren und schwerwiegenderen Fehler der geistigen Blasenbildung, der

Textvergewaltigung oder kurz gesagt der Themapredigt, bei der dann nur zu leicht etwas für den Text Nebensächliches in der Predigt zur Hauptsache werden kann, da wir nur zu gern die schönen Gedanken unseres selbstsüchtigen Ich mit den meist weniger gemütlichen und zeitgemäßen Gedanken des Textes verwechseln. Darum wird es nun darauf ankommen, das Gegenwartsmaterial, das sich uns aufdrängt, mit derselben Vorsicht noch einmal vom Text her zu prüfen und sozusagen durch ein zweites Sieb gehen zu lassen, eine Vorsicht, die wir vorhin gegenüber dem Mut zum Text und der Offenheit für den Text als unangebracht bezeichnen mußten. Diese Vorsicht bei der Auslegung des Textes, die in der Forderung der Einheit von explicatio und applicatio zum Ausdruck kommt, kann es notwendig machen, oft gerade die schönsten Gedanken, die uns beim Lesen eines Textes gekommen sind, nach erneuter Prüfung vom Text her doch schließlich als untextgemäß dem durch das Wort der Schrift selber vorgeschriebenen Zeugnisweg zum Opfer zu bringen. Unter Umständen muß sogar der Hauptgedanke geopfert werden, wenn er sich bei näherer Prüfung als überflüssiges und eigenmächtig herzugetragenes Material erweist. Das wird dann sicher ein Gott wohlgefälliges Opfer bedeuten, wenn wir nicht aus Eigenstolz hartnäckig bei dem nicht zur Sache gehörigen Gedanken verharren. Und eine solche Predigt, die sich nicht scheut, nach einer derartigen Predigtvorbereitung schließlich mit gebrochenen Gliedern zur applicatio zu gelangen, wird man weder als feige noch als unzutreffend, d. h. untextgemäß bezeichnen können, sondern dann ist der rechte Mut zum Text und gegenüber den Menschen und zugleich die rechte Demut gegenüber dem Text als die gegenüber der Hl. Schrift notwendige Sachlichkeit vorhanden, die allein auch die Predigt zu einer segensreichen werden lassen können. Darin besteht aber gerade die Schwierigkeit des Verhältnisses von applicatio und explicatio: in der Spannung von Lebensnähe und Textnähe, von Mut zum Text und Demut oder Vorsicht gegenüber dem Text. Und zwar ist diese Spannung niemals durch ein Prinzip aufzulösen, sondern es ist hier immer nur ein Unterwegssein vom Mut zur Demut und umgekehrt möglich. Beides ist immer zur gleichen Zeit zu bedenken, wenn auch immer mit verschiedenem Akzent. Jedoch bei der allgemeinen

Frage nach der größeren Dignität der beiden Seiten wird eine leichte Neigung zu Gunsten der Demut stattfinden müssen, entsprechend dem Verhältnis von Gottesliebe zur Nächstenliebe. Denn es ist immer noch besser, zu textgemäß zu predigen als zu thema- und zeitgemäß. Von zwei Übeln wäre dann auch hier das kleinere zu wählen. Drei kleine Warnungen ergeben sich in diesem Zusammenhang:

3. *Drei Warnungen*

a) Was heißt einen Text *„anwenden"?* Was heißt auf die Gegenwart bezogen von einem Predigttext aus „bezeugen"? Jedenfalls nicht, daß mit Zeitungszitaten mehr oder weniger aktuelle Inhalte aufgefahren oder auch nur mit Stichworten darauf angespielt werden soll. In einem solchen direkten Angriff ist die Gemeindemäßigkeit, die wir zu Anfang forderten, noch lange nicht gegeben. Die vielfach als besonders wirkungskräftig gerühmten, ganz „landschaftlichen", „heimatlichen" Predigten können oft sehr unheilvoll sein. Das Entscheidende findet in solcher Typisierung noch nicht statt. Es ist wohl denkbar, daß ein Prediger, der seine Predigt ganz exakt exegetisch aufgebaut hat und überhaupt keine Anspielung auf die Gegenwart bringt, dessen Herz aber übervoll ist von den tausenderlei Nöten der gegenwärtigen Zeit, die wirkliche Lebensnähe hat. Man setze doch bloß nicht immer voraus, daß die Gemeinde (besonders wenn es eine Landgemeinde ist) so weltfremd und lebensfern ist, daß sie die Nöte der Gegenwart nicht kennt. Sie kennt das Leben ganz genau und braucht wirklich keine Orientierung durch den Pfarrer. Also behalten wir die große Gefahr des direkten Redens und Anspielens immer im Auge. Eine Assoziation solcher äußerlicher Gedanken hat oft zur Folge, daß der Hörer angeregt wird, nun mit seinen eigenen Gedanken auf die Wanderschaft zu gehen. Besonders unheilvoll wirkt sich da die Methode aus, mit Beispielen aller Art die Predigt zu „würzen". Unter keinen Umständen auf die Jagd nach Beispielen gehen!

b) Jeder Mensch und nicht zuletzt der Prediger hat seine theoretischen und praktischen *Lieblingsgedanken,* die wir nur schwer loswerden können. Die applicatio darf nun nicht darin bestehen, daß wir diesen Vogel, den wir nun alle einmal im

Kopf haben, immer wieder fliegen lassen. Diese Lieblingsgedanken gehören zum Fleisch, zum alten, ungetauften Menschen. Es gibt ja wohl hie und da eine Situation, wo sie ausgesprochen werden können, aber die Gefahr des Mißbrauchs ist riesengroß. Die Marotte z. B. mit dem Abstinenzgedanken oder auch mit sozialen, ethischen o. a. Problemen wirkt immer wieder verführerisch, jedesmal in der Predigt nach dieser Richtung hin einen Schuß abzufeuern. Also Vorsicht gegenüber eigenen Lieblingsgedanken und Bereitschaft zur Brechung durch den Text!

c) Noch eine Warnung sei hier vorgebracht. Die Anwendung und das Bezugnehmen darf nicht immer à jour sein, d. h. es braucht nicht immer das Allerneueste und Sensationellste gebracht zu werden. Hat sich z. B. in der vergangenen Woche in der Gemeinde ein Brand ereignet, unter dessen schrecklichem Eindruck die Gemeindeglieder zur Stunde noch stehen, dann hüte man sich, mit diesem Thema auch nur anspielungsweise in der Predigt aufzufahren. Das gehört zum Alltag, und jetzt ist es Sonntag, da will man nicht stecken bleiben in der Not des Alltags, da will man weiter und höher darüber hinaus.

In meiner eigenen Pfarrtätigkeit in der Schweiz bin ich oft dieser Gefahr einer falsch verstandenen Gemeindemäßigkeit erlegen. So glaubte ich im Jahr 1912, als der Untergang der „Titanic" die ganze Welt erschütterte, in der darauf folgenden Sonntagspredigt dieses Unglück zum Hauptthema der Predigt machen zu müssen, so daß geradezu ein Ungetüm einer ganzen *Titanicpredigt* zustande kam.

Oder ein anderer Fall: Als 1914 die ganze Welt durch den Kriegsausbruch in Atem gehalten wurde, fühlte ich mich verpflichtet, diesen Krieg in allen meinen Predigten wüten zu lassen, bis schließlich eine Frau zu mir kam und mich bat, doch einmal von etwas anderem zu reden als immer von diesem fürchterlichen Krieg. Sie hatte recht. Die Unterordnung unter den Text war hier schmählich vergessen worden. Es darf so weit nicht kommen, daß ein Gemeindeglied den Pfarrer zur Ordnung ruft und zur Besinnung mahnt. Aktualität in allen Ehren, aber der Pfarrer sollte als guter Schütze wie bei der Artillerie hinwegschießen über die Hügel der Aktualität.

§ 3: Das Aufschreiben der Predigt

Die grundsätzliche Vorbedingung bei der Ausführung ist, die Predigt aufzuschreiben. Diese Bedingung ist so wichtig, daß eine eingehende Begründung erforderlich erscheint. Eine Predigt ist zwar eine Rede und soll es auch sein, aber bei dieser Rede darf man es nicht darauf ankommen lassen, ob der Heilige Geist (oder auch ein anderer Geist!) die Worte eingibt, gleichgültig, ob man eine Disposition hat oder nicht. Eine Predigt ist vielmehr eine Rede, die man — und das entspricht allein ihrer Würde — wörtlich vorbereitet und niedergelegt hat. Wenn es schon im allgemeinen gilt, daß wir von jedem unnützen Wort Rechenschaft ablegen müssen, so erst recht in der Predigt. Denn predigen ist nicht eine Kunst, die der eine beherrscht, weil er ein guter Redner ist und die der andere nur dadurch erlangen könnte, daß er die Predigt schriftlich ausarbeitet, sondern die Predigt ist ein kultisches Geschehen, ist der Zentralakt des evangelischen Gottesdienstes, der in enger Beziehung zum Sakrament steht. Nur eine Predigt, bei der jedes Wort voll und ganz verantwortet werden kann, ist ein sakramentaler Akt. Wer den Gottesdienst der Gemeinde zu leiten und den zentralen Akt, der dem Meßopfer in der katholischen Kirche entspricht, zu vollziehen hat, soll sich klarmachen, daß er dieses Amt nur mit vollster Überlegung und nach bestem Wissen und Gewissen auf sich nehmen darf. Druckreif müßte sozusagen jede Predigt sein, ehe sie gehalten wird. Eine Predigt ist eben mehr als ein Vortrag, eine Bibelstunde oder ein Konfirmandenunterricht, und danach hat man sich zu verhalten. Es gehört geradezu zur Heiligung eines Predigers, sich an eine solche Regel ein für allemal gebunden zu fühlen.

Diese Forderung ist eine absolute Regel für alle. Wir dürfen dieser Regel nicht ihre Allgemeingültigkeit dadurch nehmen, daß wir sie nur auf den jungen Prediger anwenden, der sie solange befolgen soll, bis er die nötige Übung erlangt hat. Darin liegt eine große Gefahr. Hunderte und Tausende von Pfarrern haben diese Übung, aber trotzdem — oder gerade deshalb — sind ihre Predigten nur religiöse Reden. Durch diese Regel wollen wir niemanden verurteilen, aber wir haben uns die Aufgabe gestellt zu überlegen, was richtig ist für einen

Menschen, der kein Prophet ist und der seine Predigt unter Gebet und Arbeit vorbereitet.

Richten wir nun unser Augenmerk auf die rein sprachliche Gestaltung des zu verkündenden Wortes: Wir können hier geradezu von einer *Kultur der Sprache* reden, die wir zu pflegen haben. So gewiß wir während des ganzen Lebens der Kultur bedürfen, kann auch das Organ der Sprache nicht genug gepflegt werden. Es gibt einen Prozeß des Sichabschleifens der Sprache, der darin besteht, daß man sich in der Form wiederholt, für gewisse Dinge gewisse Wendungen hat. Das verleitet aber zum Überhören. Es sei also nachdrücklich davor gewarnt, in ständiger Wiederholung abgegriffener Redensarten eine besondere Wirkung auf den Hörer erreichen zu wollen. Wiederholung macht auf alle Fälle auch den Inhalt wirkungslos. Leichte Lektüre und Zeitungsdeutsch sind eine Gefahr, weil sie zu einer Vergiftung der Sprache von außen führen können mit ihren allgemeinen Ausdrücken und Modewendungen, die oft ganz sinnlos sind. Im schnellen, oberflächlichen Hinschreiben laufen wir Gefahr, die Sprache gründlich zu verpfuschen und allgemeine Wendungen zu einer regelrechten Krankheit ausarten zu lassen. Nur ein Mittel gibt es, dieser Gefahr zu entgehen: peinlich genaue Ausarbeitung jedes Wortes, das in der Predigt gesagt werden soll. Bei dieser Arbeit, die sich also nicht nur auf die Gedanken beziehen kann, lernt man, auf Wendungen und Sätze zu achten. Man hat gesunde Hemmungen. Schreiben ist jedoch eine schöpferische Produktion, und angesichts des hohen Zweckes lohnt es sich hier wohl, ein Feierkleid zu tragen. Die Predigt verlangt eine ordentliche Sprache, die nicht nur Ausdruck, sondern dem Inhalt angemessen ist. Form und Inhalt sind in der Predigt also nicht zu trennen; zum rechten Inhalt gehört die rechte Form.

§ 4: Die Einheit der Predigt

Für die Praxis der Ausführung ergeben sich folgende Gesichtspunkte:

1. Das Ganze der Predigt

Wie wir sahen, ist die Predigt der Vollzug der explicatio und damit gleichzeitig der applicatio des Textes. Das ist grundsätzlich von der ganzen Predigt auszusagen, die gewissermaßen aus einem einzigen Leib besteht. Eine Zerlegung in Teile ist deshalb schon eine mißliche Sache und stört diese Einheitlichkeit der Predigt. Das Ganze der Predigt ist konstituiert durch das Ganze des gegebenen Textes. Die Einheit liegt im Text selber und soll auch in der Predigt, die den Bewegungen des Textes folgt, zum Ausdruck kommen. Also handelt es sich nicht darum, das Problem zu erwägen, wovon erstens, zweitens und drittens zu reden ist, sondern der Prediger hat nur nachzusagen, was im Texte steht, nämlich e i n e s. Das eine ist Gottes Wort, ist Jesus Christus. Wir können es nicht herausstellen und dazu machen — wir können es nur bezeugen, dieses eine, das corpus des Textes.

2. *„Einleitung"?*

Grundsätzlich soll die Predigt k e i n e Einleitung haben. Nur eine Art von legitimer Einleitung wäre denkbar. Geht der Predigt eine Schriftlektion voran, so kann sie daran anknüpfen, so daß die eigentliche Predigt gewissermaßen mit einer Vorpredigt beginnt. Diese würde in einer kurzen Analyse der gehörten Lektion bestehen, die dann zu dem Text der eigentlichen Predigt in Beziehung zu setzen wäre. Dies ist die einzig mögliche Form der Einleitung; alle anderen sind prinzipiell abzulehnen.

Gegen die Einleitung sind einige praktische, wenn man will, *psychologische Gründe* geltend zu machen.

a) Mit welchem Anliegen kommen wir in die Kirche? Wir wollen das Wort Gottes hören, das in der Predigt, die als explicatio des Textes zugleich applicatio ist, an uns herantritt. Der Verlauf des Gottesdienstes ist schon die Einleitung zur Predigt, dem Höhepunkt. Der Akt der Verkündigung soll vor sich gehen, und jede weitere Einleitung wäre nur verlorene Zeit und nicht zu verantworten, zumal eine Predigt nicht allzu lange dauern kann. Freilich ist in solchen Einleitungen manche Gelegenheit zu viel Geist und Witz, aber auf alle Fälle wird viel kostbare Zeit vergeudet durch solche geistigen Purzelbäume. Zwanzig bis fünfundzwanzig Minuten werden da oft mit Präliminarien vertrödelt, ehe man zur Hauptsache schreitet.

(Anmerkung: Der allgemeine Gesichtspunkt, daß in der Kürze

die Würze liege, kann von jeder Rede gelten, darf aber auf die Predigt nicht angewandt werden. Denn es ist Aufgabe der Predigt, Raum zu schaffen für das Wort Gottes, das einzig und allein für die Dauer der Predigt maßgebend sein kann. Daß dies auch in kurzer Zeit geschehen kann, soll hiermit nicht geleugnet werden. Wir wollen uns aber darüber klar sein, daß die Auslegung ernsthafter Gottesdienst ist und somit der wesentlichste Teil unseres Sonntages. Wenn wir Gott die Ehre geben wollen, dürfen wir nach der Zeit nicht fragen.)

b) Der größte Teil aller Einleitungen leitet nicht ein, sondern lenkt die Gedanken vom Worte Gottes ab. Kurzum: Jede Einleitung ist genau genommen eine Ausleitung. Eine rein psychologische Überlegung muß schon zu diesem Schluß führen. Zu Beginn der Predigt sind die Zuhörer noch gespannt und aufmerksam. Unterhält man sich aber zunächst über etwas anderes – vielleicht gar sehr Interessantes – dann kann es passieren, daß der eine oder andere förmlich zusammenschreckt, wenn man endlich mit der Hauptsache kommt.

c) Was bedeutet eine Predigteinleitung für den ernsthaften Predigthörer, der gerade jetzt gern einen Zuruf gehört hätte und bereit gewesen wäre? Er wird in seinem Anliegen enttäuscht, und diese Unzufriedenheit stellt sich dem Hören der Botschaft hindernd in den Weg. – Was enthält diese Einleitung im allgemeinen?

aa) Ein beliebter Ausgangspunkt ist *unsere Zeit,* zu der der Pfarrer seine positive oder negative Einstellung äußert. Der Anfang zu solchen mißlichen Predigteinleitung ist z. B. die Redewendung „Unsere Zeit ...". Entweder ist der Pfarrer mit den Zeiterscheinungen einverstanden, dann wird die Einleitung positiv, oder er lehnt sie ab, dann wird sie negativ. Dabei vergißt man, daß die Gemeinde gar keine Zeitanalyse vom Pfarrer verlangt. Dies sind Dinge, welche dem Hörer vielleicht vertrauter sind als dem Pfarrer und die gewiß in der Predigt nichts zu suchen haben.

bb) Oder man führt als Einleitung den *Ausspruch* eines berühmten Mannes an. Was soll dieser Name noch, nachdem man den Text verlesen und gebetet hat? Man lenkt die Gedanken der Hörer nur in eine andere Richtung. Man sollte sich doch einmal klar machen, daß schon durch bloße Erwähnung von außen herzugetragener Namen sich fast automatisch die unglaublichsten Gedankenassoziationen beim Hörer einzustellen pflegen, und dieser dann mit seinen Gedanken auf die Wanderschaft zu gehen veranlaßt wird. Das Bibelwort kann man gewiß nicht damit empfehlenswert machen wollen, daß man darauf hinweist, ein anderer habe schon einmal etwas sehr Ähnliches oder Unähnliches gesagt. Das ist der Sache unwürdig.

cc) Zu einer anderen ernsthafteren Einleitungsmöglichkeit gehören die bewußt *negativ orientierten Einleitungen.* Was geschieht da? Nichts weiter als eine Entlarvung der menschlichen Bosheit und Sünde. Diese Betrachtung der schaurigen Pracht des gefallenen Menschen kann vom Hundertsten ins Tausendste führen; man kann sich nicht genug tun, immer und immer wieder noch einmal auf den „Türkenkopf" zu zielen, den man da vor sich befestigt sieht. Die Schilderung der Sünde und des Irrtums, die ein reiches Feld bieten, darf in der Predigt keine selbständige Bedeutung erlangen; man ist auch nicht berechtigt, eine christliche oder christlich werdende Gemeinde gleich von Anfang an mit einem solchen Erguß von Bitterkeit zu überschütten. Denn dann entsteht die Gefahr, daß wir das Bibelwort nur noch als Keule benutzen, die wir mit steigender Leidenschaft gegen den sündigen Menschen schwingen. Damit führen wir jedenfalls die Gemeinde nicht an den Text heran.

Auch die Form, die auf den alten Adam im Menschen abzielt und ihm das große „Aber" Gottes entgegenstellt, geht nicht an. Wenn man zuerst den Menschen beleuchtet in seiner Verkehrtheit, dann besteht die Gefahr eines heimlichen Themas der Predigt, und das Bibelwort wird nur als Kulisse benutzt. Das Wort muß selber den Irrtum offenbaren.

dd) Es besteht noch eine andere ernsthafte Möglichkeit. Wenn die eben genannten Fehler erkannt und vermieden sind, so liegt die Gefahr nahe, der eigentlichen Predigt einen *Situationsbericht* über den Inhalt des Textes vorauszuschicken. Viele biblisch gemeinte Predigten bringen am Anfang ein Stück biblischer Theologie oder Einleitung in das A.T. bzw. N.T. oder biblische Geschichte. Als eigener Bestandteil gehören diese Dinge nicht in die Predigt.

Der theologische Schaden der Predigteinleitungen ist jedenfalls ungeheuer groß, und man steht regelrecht auf dem Boden der Irrlehre, wenn man sie übt. Denn was geht da eigentlich im tiefsten Grund vor sich? Nichts anderes, als daß nach einem *Anknüpfungspunkt*, nach einem Analogon im Menschen gesucht wird, wo das Wort Gottes hineinkommen könne. Man glaubt, daß dieses Türlein zum Innern des Menschen erst gefunden und aufgestoßen werden muß, ehe man die Botschaft zu bringen für nützlich erachtet. Nein, das ist glatte Irrlehre. Denkt man nun weiter über den Sündenfall im Rahmen der katholischen Theologie im Sinne einer gratia praeveniens oder einer analogia entis, so wäre eine Annäherung des Menschen an Gott möglich. Wenn man aber die Bibel im Sinne der Reformatoren versteht, dann weiß man, daß es keine Möglichkeit gibt; es gibt nur eine Ausnahme: daß die Anknüpfung, die freilich stattfindet, von oben her durch das Wunder Gottes geschieht. Wenn das Wort im Menschen Eingang gefunden hat, dann hat G o t t das Wunder getan, er ganz allein, ohne unsere Vorarbeit und Hilfeleistung. Wir müssen ganz schlicht an den Menschen herantreten in dem Bewußtsein, daß es von uns aus gesehen kein Ansprechbares, kein Humanum, keine irgendwie verstandene analogia entis, die etwa in Beziehung zum divinum zu setzen wäre, im Menschen gibt, daß es vielmehr nur eine einzige große Möglichkeit gibt, die unsere Künste nicht braucht, die allein wirksam ist und uns nicht als Advokaten zur Seite braucht, oder gar als „Detektive", wie ein Theologe der Gegenwart den Pfarrerstand benannt hat. „Der Vater hat gesagt ..." — nur so und nicht anders. Nur die Haltung eines Boten haben wir einzunehmen, der keine Stimmung für die Meldung zu machen hat. — Das alles scheint wie eine wilde Zerstörung unseres Predigtgärtleins zu wirken, aus dem wir doch so manche Blume zu brechen gedachten.

Die Predigt kann sich nicht auf das Göttliche im Menschen beziehen wollen. Das Wunder muß immer von oben her geschehen. Der Mensch ist als hörendes Gegenüber ganz als Adam nach dem Fall zu sehen und anzureden, aber auf die Tatsache hin, daß er in Christus durch die Taufe berufen ist. In der Taufe haben wir jedoch nur die Verheißung, niemals einen Anknüpfungspunkt erhalten. Unter das Zeichen dieser Verheißung sind wir gestellt, weil das Wort Joh. 3, 16 a l l e r menschlichen

Kreatur als neuer Grund gegeben ist ... auf daß *alle* nicht verloren würden – das gilt auch dem verworfensten Menschen, auch dem Verbrecher und Mörder. Ein Hinweis auf diese Zuversicht, daß auf Grund der Taufe ein Wunder an uns geschehen ist, das ist die beste Einleitung zu jeder Predigt. Daß gesprochen wird zu Menschen, die nicht draußen sind, sondern drinnen, das wird das Unwiderstehliche sein, das von einer Predigt ausgeht, wenn Gott seine Gnade dazu gibt. Da geht es um das Wunder, aber um das verheißene Wunder. Daß ein Mensch davon sprechen darf, ist ein Ungeheueres, und doch ist es nur schlichter Dienst. Also hat der Mensch nur die Haltung eines Boten einzunehmen, der etwas zu sagen hat. Jetzt wolle man nicht eine Rampe bauen, die langsam ansteigt, denn es gilt ja nicht eine Höhe zu erreichen: nein, es soll doch etwas von oben herabkommen. Und das kann nur sein, wenn die Bibel gleich zu Anfang redet. Wir haben dann getan, was wir konnten.

3. *„Teile"?*

Wir sagten schon vorher: Die Predigt muß ein corpus sein, ein Leib, aber nicht Teile, sondern Glieder. Diese Forderung steht im Zusammenhang mit dem Wesen der Homilie, bzw. der Ablehnung der Themapredigt, bei der eine Teilung des Gedankens nach sachlichem oder logischem Prinzip eine selbstverständliche Konsequenz ist. Der Text soll aber auch hier das Entscheidende sein. – An *Hauptfehlern,* die sich bei solchen Teilungen einzustellen pflegen, seien genannt: Man spricht unter 1. vom Glauben als Theorie und unter 2. von der Praxis des Lebens, oder man teilt: Gesetz und Evangelium. Solche Gesichtspunkte sind zwar bequem, aber die Schrift gibt sie so nicht; sie haben in der *Dogmatik* ihren sinnvollen Ort. – Ganz fatal ist die Art, explicatio und applicatio nach der Art Schleiermachers auseinanderzureißen, indem man erst den Text mehr oder weniger historisch entwickelt und dann mit „Wir aber!" beginnt. Es geht auch nicht, erst von Christus, seinem Verhalten zu Gott oder den Mitmenschen zu sprechen, um dann das Gesagte auf uns anzuwenden.

Es gilt, das corpus der Predigt aufzubauen in der Wiederholung des dem Text eigenen Rhythmus und unter Beachtung der sachgemäßen Proportionen, die aus der Exegese zu erheben sind. Bei dieser Wiedergabe ist nicht schematisch Vers für Vers abzuhandeln wie bei der Vorbereitung. Das kann auch einmal sachgemäß sein. Oft steht aber mitten im Text oder am Ende das Entscheidende, bei dem einzusetzen ist. Es brauchen auch nicht alle Verse in derselben Qualität wiederzukehren. Beim Prinzip der Homilie handelt es sich sicher nicht um Buchstabensklaverei. Ist der Text ungleich betont, so muß das zur Geltung kommen. Vielleicht kommt wörtlich nur wenig zur Sprache – jedenfalls muß der Gehalt herauskommen. Das alles herauszufinden, ist Sache der Exegese. Beispiel: Joh. 1, 43–51. Bei diesem Text hat die Predigt zu kreisen um die Vv. 47 und 48: Christus kennt den praedestinatus Nathanael. Alles andere führt nur zu dem Zentralen hin. Das *Ziel der Predigt* soll nicht sein, daß die Leute ein paar Gedanken behalten, sondern daß sie die Bibel aufschlagen und auf den gegangenen Zeugnisweg merken.

4. „Schluß"?

Entsprechend der Ablehnung der besonderen „Einleitung" kann es auch keinen selbständigen „Schluß" geben. Die Predigt hat mit der Auslegung aufzuhören. Wenn noch eine Zusammenfassung nötig ist, dann ist es ohnehin zu spät zu reden; das Unglück ist geschehen. Eine theoretische Predigt kann auch mit dem Schlußangriff einer applicatio nicht mehr praktisch werden. Das Anreden kann nie zu früh passieren. Die exhortatio am Schluß liegt auf derselben Linie. Eine Motivierung ist besonders gefährlich und versucherisch: das Erschallenlassen eines großen Schluß-Hallelujas im Stil von Röm. 8. So sicher das einmal geschehen kann, so muß doch als Methode davor gewarnt werden. Zwar muß die Predigt Anbetung sein, aber als Ganzes, nicht nur am Schluß; denn dort ist sie nicht mehr glaubwürdig.

Ein wichtiges, tröstliches und gefährliches Wörtlein ist „Amen", mit dem man sich vor Gott zu dem Gesagten bekennt. „Amen" mag nach dem in Schwachheit Gesagten ein Trost sein. Es läßt ja auch gleich an die nächste Predigt denken, ruft zur Arbeit zurück. So beschließt es jede Predigt: tröstlich und zugleich beruhigend. Von diesem Wörtlein aus könnte man die ganze Lehre von der Predigt aufrollen.

§ 5: Regeln für die Textbehandlung

1. Achten wir darauf, daß der Faden des Textes nicht abreißt, damit nichts Fremdes hineinragt! Wir sollen auf der ganzen Linie die Herrschaft des Textes gelten lassen, darum Achtung bei allem, was man hereintragen kann!

2. Es ist grundsätzlich zu raten, keinen Satz zu sagen, der nur applicatio oder explicatio ist. Man soll nicht den Exegeten spielen und auch nicht irgendwo vom Text abgeraten. Es soll nie über den Text referiert werden, sondern das gesagt werden, was dasteht. Solch stetes Scharfschießen erfordert Arbeit. Also keine explicatio ohne applicatio und umgekehrt!

3. Man darf den Text nicht meistern wollen. Dem wirklichen Exegeten wird die Bibel immer geheimnisvoller; er sieht überall Tiefen, Distanzen; er stößt immer mehr auf das Geheimnis, dem gegenüber die Theologie Arbeit am Meer mit Kaffeelöffeln ist. Der rechte Exeget kann dem Text gegenüber nur die Haltung eines erstaunten Kindes in einem wunderbaren Garten haben und nicht sein wie ein Advokat Gottes, der dessen sämtliche Akten eingesehen hat.

4. Auf der Kanzel soll kein Exeget stehen, der erwägt, ob ein Wort so oder so zu verstehen sei. Das ist notwendige Vorarbeit, die in die Studierstube gehört. Der Gemeinde soll das E r g e b n i s solch sorgfältiger Arbeit vorgetragen werden.

5. Wenn die explicatio applicatio ist, dann darf es nicht so zugehen, daß eine Gegenwartsbedeutung unbedingt behauptet werden muß. Eine Predigt kann oft aktueller sein, wenn sie scheinbar gar nicht aktuell ist. Wir haben also niemals die Gegenwartsbedeutung der Hl. Schrift ausdrücklich zu beteuern und zu behaupten. Sie ist als selbstverständlich vorauszusetzen.

§ 6: Das Problem der Sprache

Man pflegt manche Predigten „zu hoch“, d. h. zu abstrakt, zu theologisch zu nennen. Wir wollen nun nicht meinen, Theologie sei etwas sehr Hohes, und man müsse sich „zum armen Volk da unten“ herablassen. Es gibt trotz aller Verderbnis noch das Bewußtsein, daß in der Predigt etwas Ernsthaftes passieren muß. Eitelkeiten sind da sicher zumeist Faulheiten. Es soll ernsthaft gepredigt werden – das fordert die ernste Sache und das ernste Leben.

Es ist natürlich, daß unsere Individualität und unser Ort zur Sprache kommen – aber wir wollen auch daran denken, daß wir als Diener zu reden haben. Wo wir nun unsere Kurven machen um die große Kurve des Textes, da kann das weder bei uns noch bei den Hörenden selbständiges Leben haben wollen. Daher Vorsicht bei Bildern und Parallelen, die nur gut sein können, wenn wir Zucht dabei halten. Das wird besonders gefährlich bei selbsterlebten Geschichten. Vorsicht gilt auch für Eingriffe in das Leben der Hörenden. Die Stille, die sich bei solchen Gelegenheiten einzustellen pflegt, ist eine belastete Situation. Hier gilt besonders, daß die Kanzel der Ort ist, wo der Mensch Order zu parieren hat.

§ 7: Zwei Predigtbesprechungen

1. Predigt über Lukas 9, 57.58 von Herrn J.

Inhalt: Die Predigt geht von ganz bestimmten Interpretationen des Textes aus. Zu V. 57 wird von vornherein angenommen, daß das Angebot der Nachfolge durchaus legitim ist. Dieses Anliegen wird verstanden als schweres, hartes Hingehen, wo Jesus hingeht, nach Jerusalem; schwer, weil es im Gegensatz zu unserem Kleinglauben ein glaubensstarkes Herz verlangt. Ein letzter Ernst macht sich hier geltend, weil Jesus aufbricht zum Kreuz nach Jerusalem. Zu V. 58 wird gesagt: alles kommt darauf an, daß wir in der Armut Christi die Offenbarung Gottes erkennen und glauben. Es gibt jemand, der keine Sorge hat, der seinen Ort jenseits der Welt hat; aber das versteht die Welt nicht. So steht das Reich Gottes im Gegensatz zu uns. Die Welt kreuzigt Christus, und gerade damit wird das Reich Gottes verkündigt und offenbart. Diese Verkündigung, daß Christus in seiner Armut uns gegenwärtig ist, ist das Evangelium, das ist das Letzte und nicht die Welt. Wir stehen vor der Frage, ob wir in dem Nein das große Ja dieser Botschaft hören – und damit knüpft die Predigt an den Anfang an. Darüber müssen wir die Entscheidung fällen.

Besprechung: Es wurden zunächst drei Vorzüge hervorgehoben:

a) Die Textauslegung ist ein Versuch, den ganzen Gehalt des Textes zur Sprache zu bringen, z. B. die Einheit von Gesetz und Evangelium oder die Erklärung des Verses 57 aus 58.

b) Dem Prediger ist es gelungen, das zu Gehör zu bringen, was er gehört hat: Nachfolge Jesu ist eine ernste Aufgabe, ist Weg zum Kreuz, ist radikale theologia negativa, und als solche ist sie Gesetz und Evangelium.

c) Schließlich ist nicht zu verkennen, daß ein aufrichtiger religiöser Ernst zu uns gesprochen hat.

Eingehender werden die Nachteile der Predigt besprochen. Vor allem fehlt der Predigt die Lebensnähe: die explicatio reicht nicht zur applicatio. Es geschieht kein Anspruch, kein Angriff. Der Übergang von V. 57 zu 58 ist kein wirklicher Schritt. Schon bei der Erklärung des V. 57 weiß der Hörer, was in V. 58 steht. Liegt das nur am Text oder an der Predigt? Mit dieser Frage ist dann auch zu fragen: War der religiöse Ernst christlicher Ernst? War die Klarheit der Predigt die Klarheit des göttlichen Wortes? Ist der Versuch, den Text reden zu lassen, wirklich gelungen? Die Entscheidung darüber fällt die Exegese. In der Besprechung der Exegese wird vor allem gefragt: Ist dieses Angebot der Nachfolge in diesem Falle wirklich legitim? Es ist nicht angebracht, diese Frage negativ oder auch positiv zu entscheiden; darüber haben wir zu schweigen. Jedenfalls bleibt diese Frage offen, und ihre Erklärung kann sie nur von V. 58 her gewinnen. Dreierlei ist von daher zu sagen:

aa) Wenn das akoloutheso soi legitim ist, dann bedeutet es offenbar: der Mann muß es eben sagen, im Gehorsam, auf Befehl, und damit weiß er um Jesus, weil er seine Stimme gehört hat. Dann bedeutet die Nachfolge eben schon die Anerkennung, daß die Frage des großen Nein und Ja schon gelöst *ist*. Nachfolgen, das heißt: Herkommen von diesem schon Gesprochenen, das heißt: ich bin befreit durch den, der nicht hat, wohin er sein Haupt hinlegt. Ich bin befreit, mir einen Standpunkt suchen zu müssen, wo ich das große Nein und Ja mitsprechen muß; das ist mir abgenommen. Ich bin kein Platoniker, denn dieser Platoniker muß diesen Standpunkt jenseits von Ja und Nein haben; er hat gar sehr, wohin er sein Haupt hinlegt. Diese Last der Entscheidung ist diesem Menschen abgenommen. Er ist nicht mehr heimatlos – ohne Standpunkt zwar, aber als ein getrösteter und regierter Wanderer. Ist also sein Angebot legitim, dann steht er bereits im Glauben und Gehorsam.

bb) Ist dieses Selbstangebot nicht legitim, dann würde es bedeuten: dieser Mensch hat ein hohes Ideal vom Leben – vielleicht ein platonisches – und hat es eingezeichnet in die Gestalt Jesu. Von ihm erwartet er die Erfüllung dieses Ideals, d. h. es gibt die Fähigkeit der Nachfolge, „man kann". Es ist ein großer Irrtum, zu meinen, der Mensch könne sich selbst für Gott entscheiden. Bewaffnet mit Idealen und gefangen in diesem Irrtum, sucht der Mensch im besten Sinn sich selbst eine Heimat. Darüber aber versäumt er die wirkliche Befreiung durch das ihm in Jesus angebotene fleischgewordene Wort.

cc) Diese Frage nach der Legitimität muß gestellt werden von V. 58 her. Jesus Christus ist auf Erden Fleisch, aber er kommt nicht vom Fleisch her (Joh. 1,14; Hebr. 13,14; Jungfrauengeburt). Jesus Christus ist da als das Wort Gottes für uns (nicht von der Welt, aber in der Welt), als das Wort des Vaters für die Welt. Durch dieses Woher und Wohin bleibt für ihn kein Wille übrig. Er hat keinen Standpunkt oder ein Nest wie wir, wo er sich ausruhen könnte. Nachfolgen heißt: diesen Menschen, der ganz von Gott her ist, der für uns gesandt ist, annehmen, ihn anerkennen, ihn sich geschenkt sein lassen. Gehorchen heißt hier glauben. Nicht nachfolgen heißt nicht gehorchen, nicht glauben, d. h. sich selber helfen wollen.

In dieser Reihenfolge könnte man die Predigt halten. Jedenfalls wäre es durchaus verkehrt, mit der Negation, mit der Destruktion anfangen zu wollen, also in der Reihenfolge: b, a, c. Am besten wäre die Reihenfolge: c, b, a. – Von dieser Exegese her dürften dann auch die mitgeteilten Vorzüge der Predigt in Frage stehen.

2. Predigt über Luk. 9, 59. 60 von Herrn H.

Inhalt: Der Prediger geht aus von dem Gegensatz der Vv. 59a, der Aufforderung zur Nachfolge, und 57, dem Selbstangebot. Der Anspruch Jesu wird scharf herausgestellt. Es gibt keine Entschuldigung, keine Bindung weder an Irdisches noch an ein göttliches Gebot „Ehre Vater und Mutter!". V. 60 b zeigt dann die Aufgabe der Verkündigung, zwar ohne irdische Bindung, aber voll von Verheißung.

Besprechung: Als Vorzüge sind hervorzuheben: einmal der Versuch, das Wort gut auszulegen, ferner eine ganze Reihe biblischer Einsichten zur Sprache gebracht zu haben, schließlich die einfache und nüchterne Sprache.

Aber die Predigt hat auch ihre großen Nachteile. Die Kürze scheint nicht gerechtfertigt zu sein. V. 60 b ist gar nicht recht behandelt worden. Ferner fallen die Vv. 59, 60 a und 60 b ganz auseinander, so daß die Einheit der Predigt zu vermissen ist. Schließlich ist der Prediger an der Frage des Gebotes zu schnell vorübergeeilt. Was heißt es: „Laß die Toten ihre Toten begraben!"? So ist zu fragen: War die stellenweise gute Auslegung wirklich Auslegung dieses Textes? Sind die guten biblischen Einsichten wirklich aus diesem Text gewonnen oder an diesen Text herangetragen? Auch darüber muß die Exegese entscheiden.

a) Das „Folge mir nach!" ist eine unwiderstehliche Forderung. Ich trete für dich ein, heißt das. Kein eigenes Recht, keine eigenen Sorgen, keine eigene Verantwortung, keine eigene Herrschaft mehr, d. h. einen Herrn über sich haben.

b) Demgegenüber gibt es kein proton. Der Dienst beginnt sofort oder gar nicht. Legitime Pietätsgründe, auch Schöpfungsordnungen, dürfen hier nicht dazwischentreten. Sie gelten wohl, aber innerhalb dieses „Folge mir nach!", nicht an sich, nicht mehr als selbständige, vielmehr als unselbständige Anliegen. Der Befehl Jesu bleibt übergeordnet.

c) Die Nachfolge heißt „Leben". Die Ordnungen des natürlichen Lebens sind Ordnungen einer erledigten Welt. Sie gelten nur, indem sie in die Hoffnung aufgenommen sind.

d) Die Verkündigung des Reiches Gottes ist der konkrete Auftrag, der diesem Menschen gegeben wird und jedes Opfer fordert. Das Reich Gottes bedeutet die Begrenzung für alles, was der Mensch auch für geboten hält. So fällt ein Schatten über unsere irdischen Selbstverständlichkeiten, aber auch ein Licht der Hoffnung auf diese Welt des Vorläufigen. Diese Verkündigung muß in der geschilderten Weise den Vortritt haben.

Am geeignetsten wäre es, die Predigt in der Reihenfolge: d, c, b, a, oder d, a, b, c zu halten; jedenfalls nicht in der Reihenfolge: b, a, c, d, so daß die Negation den Anfang bilden würde.

§ 8: Anhang

1. Bringt man im *Schlußsatz* eine Frage, so darf diese nur Verkündigung sein und niemals ein neu aufgeworfenes Problem einer fragwürdigen Ansicht.

2. Das *freie Gebet* nach der Predigt: Es ist oft ein Geschwätz, bei dem der Eindruck entsteht, daß der Pfarrer nicht vorbereitet ist. Das soll aber nicht sein.

3. Der frohen Botschaft widerspricht nicht, daß sie *vorgelesen* wird. Es gibt darüber in verschiedenen Gebieten verschiedene Vorschriften. Die Hauptsache ist, daß das, was kommt, recht und zu verantworten ist.

4. *Liederstrophen* als Abschluß sind zu beurteilen wie das „Halleluja". Das Zitieren muß in der Predigt schon ganz guten Grund haben.

Mit einer Warnung vor theologischen Einseitigkeiten und einem bloßen Nachreden von Sätzen der dialektischen Theologie und einem Aufruf zum immer neuen Hören des Wortes der Schrift von der in Jesus Christus geschehenen Versöhnung schloß die letzte Seminarsitzung.

NACHWORT

Im Sommersemester 1965 erschien die hier vorliegende Homiletik unter dem Titel „Wesen und Vorbereitung der Predigt" als Vervielfältigung für Theologiestudenten. Es dürfte sinnvoll sein, einiges über das Zustandekommen dieses Textes zu berichten.

Noch vor Beginn des Sommersemesters 1965 stieß ich auf der Suche nach homiletischer Literatur, von Bonner Kommilitonen und Dozenten aufmerksam gemacht, im hiesigen wissenschaftlich-theologischen Seminar auf eine Sammlung sämtlicher Protokolle des homiletischen Seminars „Übungen in der Predigtvorbereitung", das Prof. Karl Barth im Wintersemester 1932 und im Sommersemester 1933 in Bonn gehalten hatte. Schon beim ersten Durchlesen dachte ich an eine Vervielfältigung und wurde dann dazu auch durch Rücksprache mit hiesigen Dozenten, durch den Beitrag von Prof. Walther Fürst, Friedberg (Seminarteilnehmer im Wintersemester 1932), in der Barth-Festschrift „Antwort" („Karl Barths Predigtlehre", S. 137 ff.) und durch einen kleinen „Waschzettel", den mir Prof. Fürst freundlicherweise für die zu verteilenden „Prospekte" schrieb, ermutigt. Auf diesen „Prospekten" war damals zu lesen:

„Die Frage nach der Verantwortung des Predigers ist der Ausgangs- und Zielpunkt der Theologie Karl Barths von ihren Anfängen an. So ist es nicht verwunderlich, daß sein homiletisches Kolleg, das er im Jahre 1932/33 hielt, in der intensivsten Weise bei der Sache war; hier klärten sich viele Probleme, die in seiner Dogmatik erst später zur Sprache kamen, wie das Verhältnis von Evangelium und Gesetz oder die Frage nach dem Verhältnis von Kirche und Welt. Die den Nachschriften heute noch abzuspürende Frische und Freude hat die damaligen Hörer so auf den Weg gestellt, daß sie ihn mit gewissen Schritten auch durch die alsbald einsetzenden, von Barth sehr deutlich erkannten Wirren gehen konnten. Es ist alles Dankes wert, daß Barths Predigtübungen einer größeren Öffentlichkeit zugänglich gemacht werden. Obwohl Barth später manches modifiziert und korrigiert hat, haben sie auch heute eine überraschende Aktualität."

Die Neubearbeitung dieser Protokolle ist sodann durch die freundliche Genehmigung von Professor Barth und die Unterstützung Bonner Dozenten ermöglicht worden. Ihr liegen nun vor allem die offiziellen, im Seminar verlesenen Protokolle zugrunde, die mit Nachschriften verglichen und nötigenfalls stilistisch geglättet wurden. Ab Teil C („Die eigentliche Vorbereitung der Predigt") wurden in größerem Maße Partien einer Nachschrift eingearbeitet, die auf Herrn Werner Deggeller zurückgeht. Sowohl der Titel „Wesen und Vorbereitung der Predigt" als auch einige Überschriften wurden nach sachlichen Gesichtspunkten neu formuliert. Zudem wurde der Text durch Abschnitte und Hervorhebung der jeweiligen Stichworte übersichtlicher gegliedert.

Auf den mir durch Prof. Max Geiger übermittelten Wunsch von Prof. Barth hin erscheint nun dieser erweiterte und redigierte Text im Druck. Er wurde zu diesem Zweck noch einmal gründlich durchgesehen.

Diese Predigtlehre Karl Barths wird gewiß auch als Buch dankbare Leser finden und Freude und Mut machen zur rechten Verkündigung des Evangeliums.

Bonn, Januar 1966 *Günter Seyfferth, stud. theol.*